L'ESPRIT DE L'INDE

Sunil Janah, *Le Mahatma Gandhi lors d'un meeting à Calcutta*, 1946

L'ESPRIT DE L'INDE

CINQUANTE ANS D'INDÉPENDANCE
1947 – 1997

Texte de

VICTOR ANANT

Traduit de l'anglais par

WILLIAM OLIVIER DESMOND

SEUIL

CETTE PUBLICATION A ÉTÉ POSSIBLE GRÂCE AU GÉNÉREUX SOUTIEN
DE L'EASTMAN KODAK COMPANY, FIDÈLE À SA TRADITION D'EXCELLENCE
PHOTOGRAPHIQUE COMME À LA VIE ET À LA CULTURE
DE L'INDE ET DE SON PEUPLE

TABLE DES MATIÈRES

Mon optimisme repose sur ma foi dans les infinies possibilités de l'individu à adopter la non-violence. Plus on la développe en soi, plus elle devient contagieuse, jusqu'à ce qu'elle submerge tout autour de vous et qu'ainsi, de proche en proche, elle puisse peut-être submerger le monde.

MAHATMA GANDHI, *1948*

Sunil Janah, *Le Mahatma Gandhi lors d'une réunion de prière à Birla House*, Bombay, 1946

Sunil Janah, *Jawaharlal Nehru faisant un discours lors d'une séance du Congrès national indien*, 1945

Sunil Janah, *Mohammed Jinnah et des dirigeants de la Ligue musulmane en compagnie de responsables du Congrès national indien, sur la pelouse de la résidence du vice-roi, à Simla (conférence avec le vice-roi lord Havel)*, 1945-1946

Sunil Janah, *Manifestation de paysans*, Pendjab, 1945

Sunil Janah, *Hindous et musulmans avec les drapeaux de l'Inde et du futur Pakistan, dans un geste d'amitié durant la procession de la paix à Calcutta, à la fin des émeutes communales*, 1947

11

La photographie devint ma profession tout à fait par hasard ; reporter pour un hebdomadaire indien, je me rendis compte peu à peu que mes photos attiraient davantage l'attention que mes articles.

Ce fut une époque de grande excitation pour l'Inde, mais aussi une période de bouleversements et de tragédies – et je cherchais simplement à témoigner de ce qu'était la vie autour de moi. Je photographiais les gens qui mouraient de faim ou qui défilaient dans la rue en criant des slogans. Je ne m'arrogeais jamais la tâche solennelle de témoigner pour l'histoire bien entendu, même si certaines de mes photos sont aujourd'hui des documents historiques.

L'Inde est l'un des pays les plus peuplés au monde ; on y trouve des tribus primitives au fond des forêts, des paysans qui cultivent la terre comme leurs ancêtres le faisaient au Moyen Âge, des ouvriers de l'industrie la plus moderne et des citadins prenant tous les jours le train. Nulle part, peut-être, ne trouve-t-on une telle diversité de peuples, de paysages, de climats et de cultures. Certains aspects de la vie indienne sont restés inchangés, tandis que d'autres ont considérablement évolué entre les années quarante à soixante, celles qui ont suivi l'Indépendance, lorsque ont été prises ces photos.

SUNIL JANAH

Sunil Janah, *Procession de la paix dans une rue de Calcutta avec des hindouistes et des musulmans, alors que l'appel et la grève de la faim entamée par Gandhi avaient mis un terme aux émeutes de la ville*, 1946

Sunil Janah, *La foule descend en masse dans les rues de Calcutta
à l'annonce de l'assassinat de Gandhi*, 1948

Sunil Janah,
Fonderie, usines Tata,
Jamshedpur, 1954

Sunil Janah, *Bateau traditionnel sur le fleuve, à la hauteur du centre de Calcutta*, 1952

*Nous sommes aujourd'hui un peuple libre et souverain
et nous nous sommes débarrassés du fardeau du passé.
C'est d'un œil clair et amical que nous regardons le
monde et avec foi et confiance que nous envisageons
l'avenir.*

*Le fardeau de la domination étrangère ne pèse plus sur
nous, mais la liberté s'accompagne de responsabilités
et de fardeaux qui lui sont propres et ne peuvent être
endossés que dans l'esprit d'un peuple libre, discipliné
et déterminé à préserver et à élargir cette liberté.*

JAWAHARLAL NEHRU, 15 AOÛT 1947

Henri Cartier-Bresson, *Jawaharlal
Nehru avec les Mountbatten, devant
Government House*, Delhi, 1948

Henri Cartier-Bresson, *Statue de la reine Victoria, funérailles de Gandhi à Delhi*, 1948

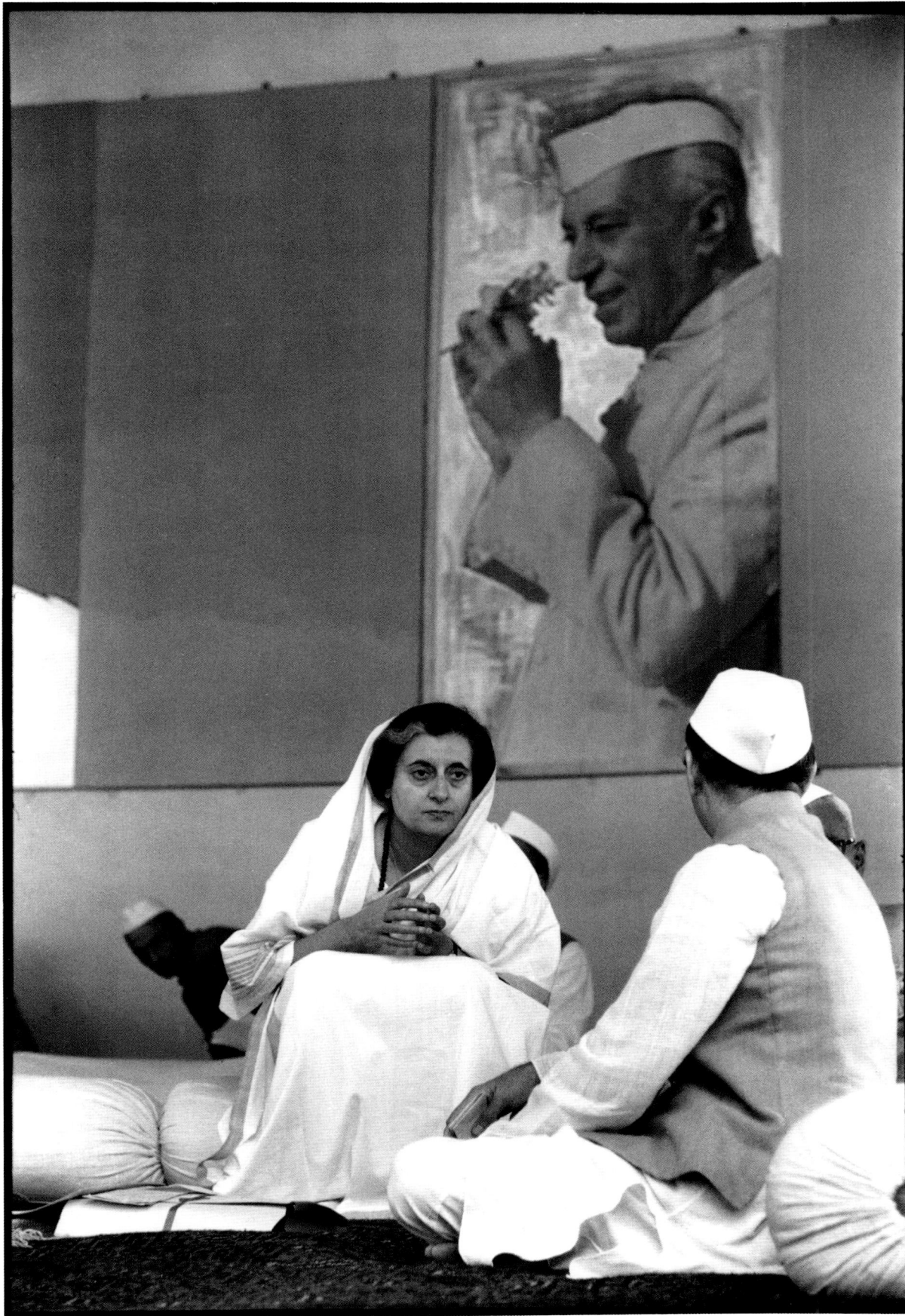

Henri Cartier-Bresson,
*Indira Gandhi pendant
une séance du Congrès
à Jaipur*, 1966

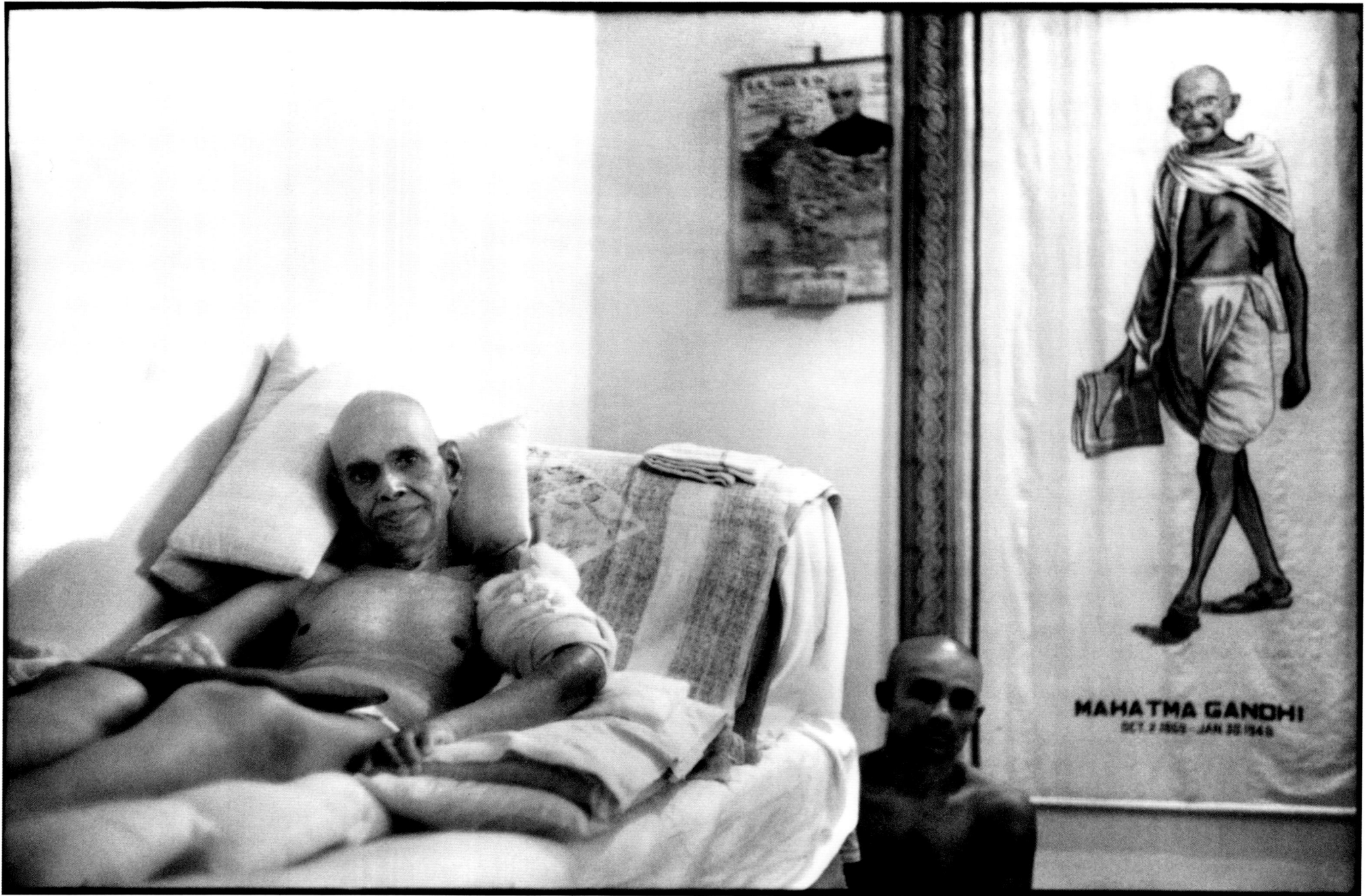

Henri Cartier-Bresson, *Le Bhagwan Maharishi mourant du cancer dans son ashram.* « *Un soir,
à exactement 20 h 47, nous avons vu une énorme boule de feu traverser lentement le ciel et tomber
au pied de l'ashram. C'est à cet instant précis que le Bhagwan poussa son dernier soupir.* »
Tiruvannamalai, Inde du Sud, 1950

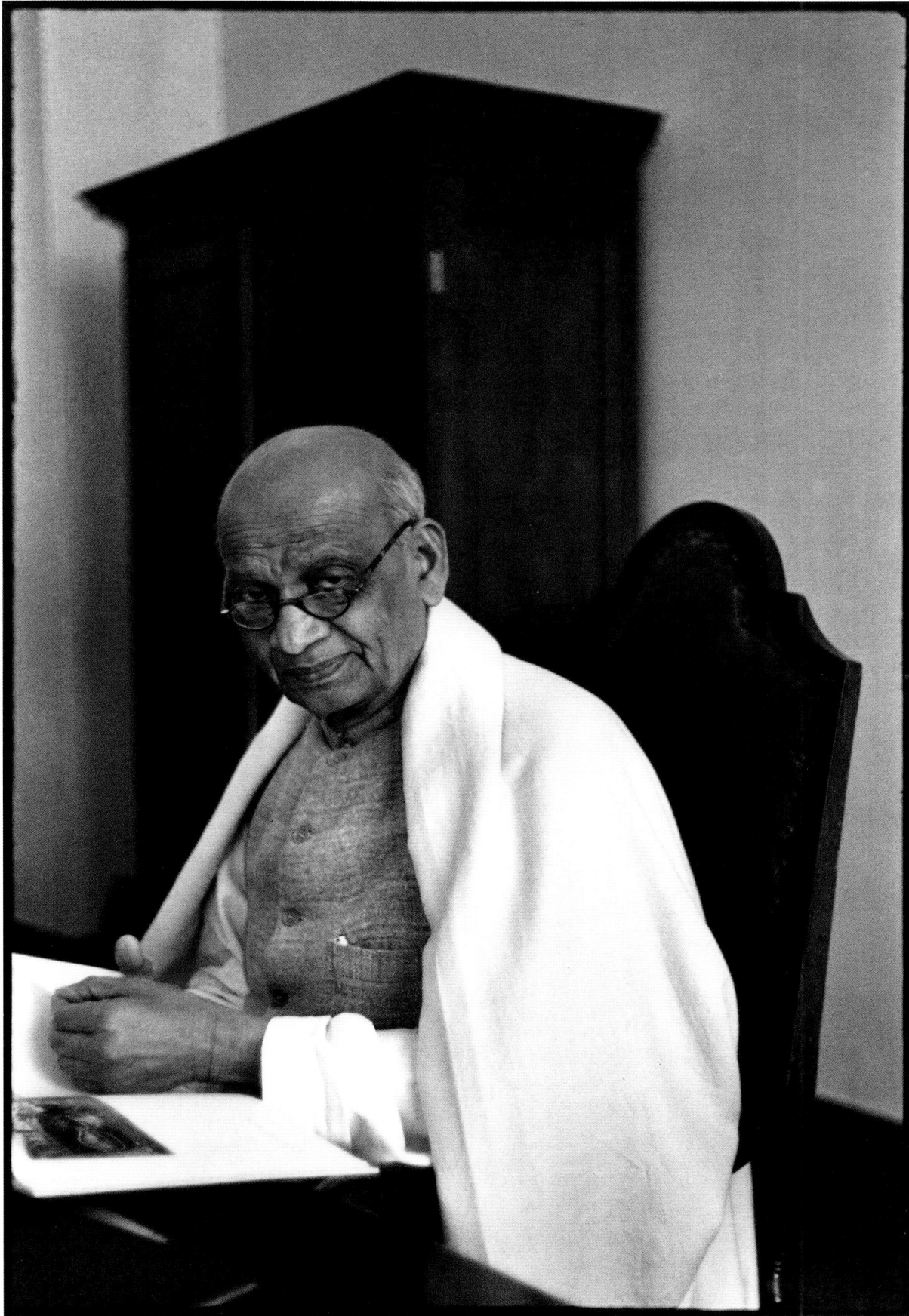

Henri Cartier-Bresson,
*Sardar Vallabhai Patel, le
ministre sous lequel prit fin,
de manière spectaculaire,
le pouvoir politique des
maharadjahs, à Birla House,*
Delhi, 1948

Lorsque j'avais dix-sept ans, j'ai été amené à l'hindouisme à travers la lecture des œuvres de Romain Rolland et j'ai été profondément influencé par le *Baghavad Gita,* comme je l'ai été plus tard par le bouddhisme.

Pour moi, l'Inde, comme le Mexique, est un de mes deux ports d'attache. J'ai passé probablement près de deux ans en Inde.

HENRI CARTIER-BRESSON

Henri Cartier-Bresson,
Au camp de Kurukshetra,
les réfugiés se livrent à
des exercices physiques pour
lutter contre la léthargie et
le désespoir, Pendjab, 1947

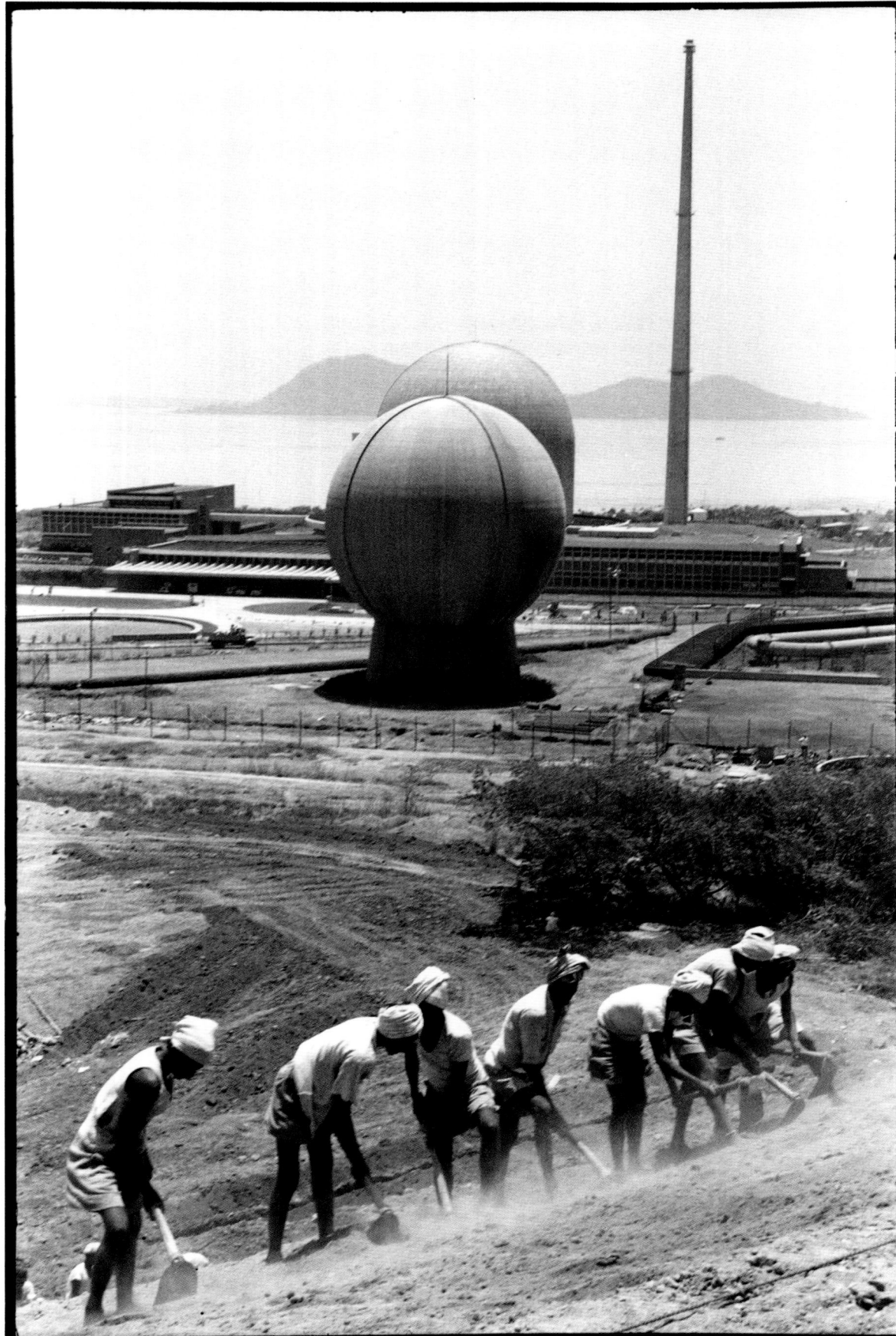

Henri Cartier-Bresson,
Centrale nucléaire, Trombay,
près de Bombay, 1966

Henri Cartier-Bresson, *Femmes faisant sécher des saris*, Ahmedabad, 1966

Henri Cartier-Bresson, *Déesse dans son chariot, peinture murale*, Ahmedabad, 1966

Henri Cartier-Bresson, *Photographe de rue*, Delhi, ancienne ville, 1966

Henri Cartier-Bresson,
Vieille ville, Ahmedabad, 1966

Henri Cartier-Bresson,
Arrivée du maharadjah de Baria sur
un éléphant, escorté par ses cousins,
pour son mariage avec la fille du
maharadjah de Jaipur, 1948

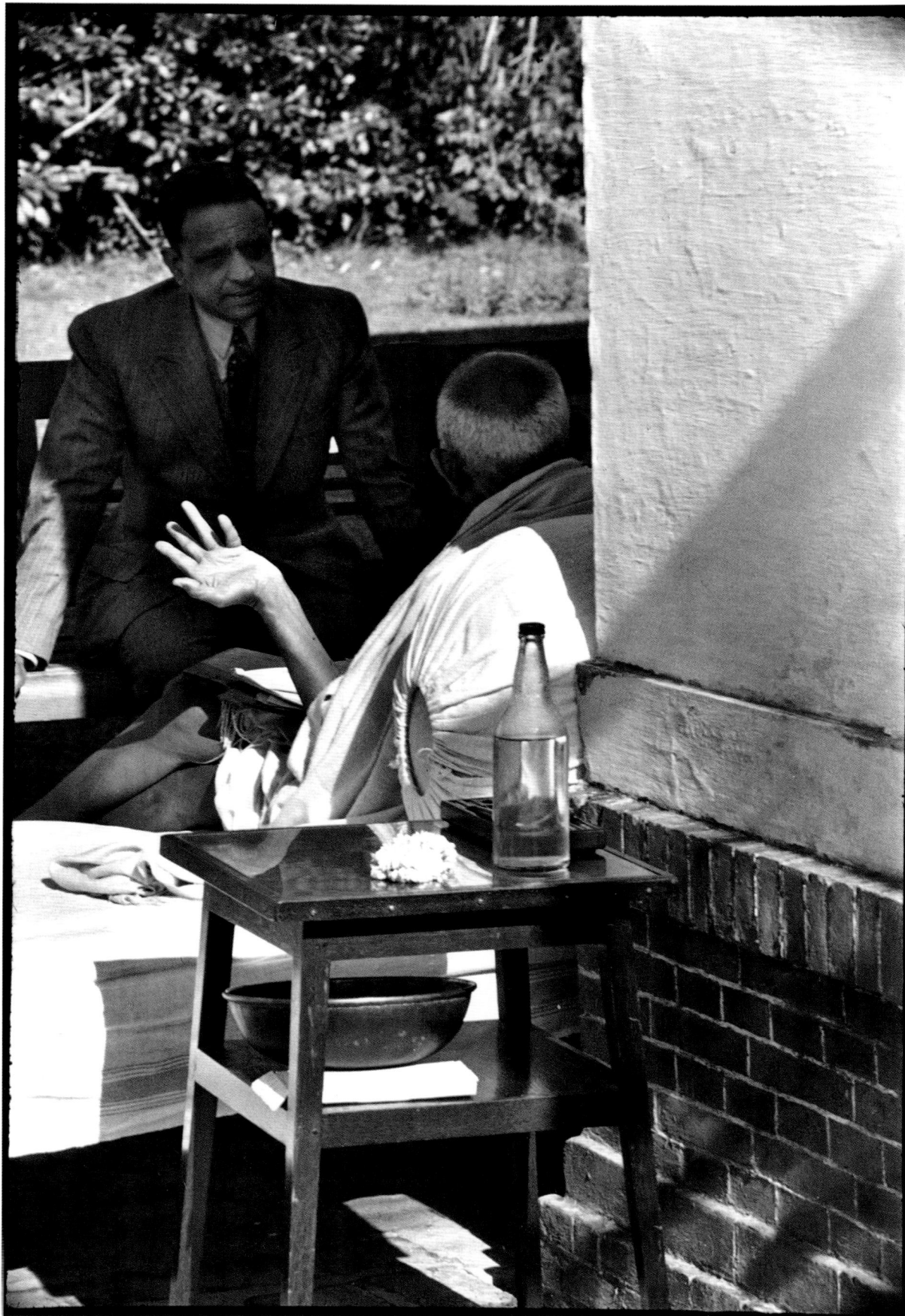

Henri Cartier-Bresson,
*Gandhi à Birla House, la veille
de son assassinat*, Delhi, 1948

Henri Cartier-Bresson, *La foule attendant de rendre hommage à Gandhi, alors que le cortège funéraire approche du site de crémation*, Delhi, 1948

Henri Cartier-Bresson, *Musulmanes en prière à l'aube à Srinagar*, Cachemire, 1948

LE SACRÉ
ET LE PROFANE

VICTOR ANANT

Alors que l'Inde, nation moderne et indépendante, se prépare à passer cinq mille ans de civilisation au crible de ses cinquante ans d'indépendance, le 15 août 1997, il est une image qui, comme toujours, est pour moi la métaphore parfaite de sa grandeur. Elle explose au milieu d'une averse de pétales de rose, de drapeaux tricolores déployés, de fabuleux avions de chasse striant le ciel, de feux d'artifice et de vagues successives de visages exultants.

C'est cette matrice de souvenirs collectifs, de rêves, de visions qui, je l'espère, donnera son sens – sentiment de participer et d'être inscrit dans une histoire – en ce jour de fête à ce qui constitue l'indianité de ses 900 millions de citoyens. Service après service, ce banquet de jubilé honore l'échelle gigantesque, l'incroyable et pure audace qu'il y avait à tenter l'expérience démocratique dans l'édification d'une telle nation. Et le déroulement de ces cinquante dernières années, qu'il soit vu par les yeux stupéfaits d'étrangers saisis d'enchantement, ou par ceux d'une génération d'Indiens, à l'intérieur de la baleine, me renvoie constamment à cette image qui, pour moi, est devenue le *logos* de l'esprit de ce pays. Elle m'apparaît aujourd'hui comme elle m'apparut le matin de ce premier jour de liberté, le 15 août 1947.

La peau est noire et craquelée, les cheveux nattés sont rougis de henné et font penser aux racines torses d'un vieux banyan. Un pagne couleur safran est retenu par la ceinture de cuir qui entoure la taille. Sur un côté, pend une noix de coco vide.

Saint personnage ou mendiant ? En Inde, de telles présences, plus hautes, plus droites, dominent le reste de l'humanité. Comme si l'être humain, en elles, avait été dompté, vidé de tout le superflu, affiné jusqu'à n'être plus qu'un minimum de peau et d'os afin de préserver une parcelle de vérité.

Une seule phrase s'échappe de ces lèvres : « *Dharam karo.* » Accomplis ton devoir, ton dharma. Une voix qui n'exhorte pas, qui ne geint pas, qui n'intimide pas. Des mots qui ont l'envoûtante simplicité d'une formule algébrique. Comme $E=mc^2$. Ce sont les seuls sons essentiels autorisés, tel un mantra révélé par un gourou, les seules paroles qui le rattachent à son propre dharma pour donner un sens à sa vie. *Dharam karo.* Il accomplit son devoir. Il m'octroie le droit – et le devoir – de raconter l'histoire de ce matin dans le métalangage de mes ancêtres.

Et ces paroles replacent mon souvenir de liberté en son lieu d'origine, dans les océans d'où est née une beauté terrible, après quoi tout a changé, de fond en comble. Le poisson, la tortue, le sanglier et le *nara-simha* – mi-humain, mi-lion – et puis le premier nain ont évolué ; et dans les cycles de création, les sages ont saisi l'univers tel qu'il était organisé par Brahma, Vishnou et Shiva ainsi que leur contrepartie féminine, Saraswathi, Lakshmi et Parvathi. Création, préservation, destruction. Chaque étape représentée par une dyade masculine-féminine. Et le temps venu, les poètes donnèrent vie par leurs chants aux héros légendaires, Rama et Krishna, et le Bouddha.

Tout ce qui est consciemment indien en moi, sentiment d'appartenir à une lignée, conscience du temps et de l'espace qui me sont alloués, compréhension des personnes et des événements que nous célébrons aujourd'hui, est conditionné par mon éducation de brahmane. « Nous autres, brahmanes, sommes nés vieux comme les Juifs, avait l'habitude de dire mon père. Le savoir n'est pas la sagesse : le savoir peut s'acquérir. La sagesse est sécrétée, elle déteint sur toi. »

Le rôle des brahmanes dans la structure traditionnelle des castes est paradoxal, sinon ironique. Historiquement, ils ont toujours constitué une infime minorité. Ils occupent le terrain moral le plus élevé et se manifestent dans l'histoire en tant qu'ascètes, sages, enseignants, interprètes du changement – ce que nous pourrions appeler aujourd'hui des analystes de la « voie critique », les gardiens de la conscience nationale. « Le monde est partagé entre ceux qui donnent et ceux qui saisissent, m'a enseigné mon père. Nous, à qui tant a été donné, nous ne pouvons vivre qu'en donnant. » Les jours de fête, assis devant le feu d'herbes sacrificiel, nous répétions après lui : « *Idam na mana, idam na mana* » (« ceci n'est pas à moi ») en versant sur les flammes des grains de riz, des pétales de fleurs, du beurre fondu et de l'encens. Il m'était constamment rappelé que notre statut spécial de brahmanes, dans le village, nous imposait l'obligation de mener une vie plus austère, d'où tout désir était rejeté. La contribution des brahmanes à l'indépendance a consisté à donner du sens, à cautionner et à encourager. Ils n'ont pas le pouvoir ; ils en recherchent l'exact contraire. C'est un groupe en voie d'extinction.

Vie et mort ne sont pas opposées, m'a-t-on enseigné. La renaissance et la libération sont les vrais opposés. Naissance, vie et mort ne sont que trois aspects de la roue terrestre qui tourne en nous. Le nirvana, qui est la libération de cette roue, est liberté.

Liberté. Le jour de l'Indépendance ! *Inquilab Zindabad !* Vive la révolution ! Dans cinquante ans, le 15 août 2047, quel langage corporel emploiera-t-on pour exprimer l'aube de la liberté ? Comment la force vive d'une nation en cours d'édification, conservée pour la postérité dans ce sanctuaire de photos, sera-t-elle recyclée ? Dans quelle mesure l'avenir anticipe-t-il, invoque-t-il le présent ? Comment ce que nous devenons apparaît-il dans ce que nous sommes et, en même temps, dans ce que nous avons été ?

L'œil de l'esprit voit différemment de celui du photographe. Henri Cartier-Bresson a déclaré : « Lorsqu'on regarde par l'objectif, tout ce que l'on voit, on le voit nu. » Et également : « Rien n'est perdu. Tout ce que vous avez vu est là. »

Ce qu'il a vu en Inde est encore ici aujourd'hui, comme il sera là dans cinquante ans. Tout est une question de temps, dit aussi Henri Cartier-Bresson. Comparant la photographie à l'art zen du tir à l'arc : « C'est une manière d'être, une question d'ouverture, d'oubli de soi. » L'œil en mouvement constant, qui observe, se déconnecte, tandis qu'il se met en position et en change pour oublier tout ce qu'il sait déjà et qu'il a déjà vu cent fois. Arrêter de penser. Se rappelant à lui-même que ce qui compte dans une photo, c'est sa plénitude et sa simplicité. Attendant, des heures, des journées entières avant d'appuyer sur le déclencheur – la brève fraction de seconde signée de son Leica.

Voyez l'image qu'il nous propose de lord et lady Mountbatten [page 17]. « J'aimerais que vous vissiez en moi non point le dernier vice-roi clôturant l'Empire britannique des Indes, mais la première personne à ouvrir la voie à une Inde nouvelle », aurait dit Mountbatten à Nehru, à l'issue de leur première réunion, au palais du vice-roi de New Delhi, cinq mois avant le transfert de pouvoirs. On voit ici le vice-roi au premier plan, sanglé dans son uniforme blanc de la marine, mais avec sur le visage le sourire d'une jeune recrue. Encadré par deux hautes colonnes. Derrière lui, la silhouette raide de son aide de camp, en partie masquée. Entre lui et lady Mountbatten, habillée d'une robe imprimée à fleurs, se tient un Nehru détendu, le col ouvert, les vêtements kaki froissés, presque bateleur, courbé en avant, mains dans le dos, au moment de la chute d'une plaisanterie qu'il vient de partager avec elle, un peu éloigné du majestueux vice-roi. Photo de famille ? Le sens de l'humour de Nehru qui ne le quittait jamais, même dans les circonstances les plus solennelles ? L'évidente intimité qui régnait entre lui et lady Mountbatten ? Ou plus simplement une autre vérité que Cartier-Bresson saisit en cette fraction de seconde : le soulagement qu'ont besoin d'exprimer les acteurs d'un grand drame entre les moments forts, s'ils ne veulent pas *devenir* les rôles qu'ils ont à jouer ?

Cartier-Bresson a tant vu... Page 22, par exemple. Danse de fête ? Paysans célébrant l'arrivée des pluies ? Le détail comique d'un soulier qui échappe à un pied ? Toutes ces mains levées pour appeler le tonnerre ? Il n'y a qu'en Inde que des hommes adultes peuvent danser ainsi, champ de blé explosant vers le ciel. Il n'y a qu'en Inde que des paysans peuvent biner et désherber un bout de colline avec la tendresse d'une femme massant d'huile son bébé [page 24]. Il n'y a qu'en Inde que tous les hommes ne font qu'un avec l'époux et toutes les femmes ne font qu'une avec l'épouse lorsque l'éléphant porte le couple jusqu'au temple [page 29]. Il n'y a qu'en Inde que l'on peut voir une femme habillée de noir, debout devant une montagne dans un silence qui les unit, et que l'on peut se demander qui prie qui [page 32]. Et il n'y a qu'en Inde que l'on peut entrer dans le rêve d'un autre au cœur d'une ancienne ville comme Delhi pour se réveiller ensuite dans la réalité, peut-être des années plus tard et ailleurs. Comme je suis entré dans ce rêve-Inde dans mon village ancestral du Kerala, dans le sud du pays, pour me réveiller plus tard dans une Inde indépendante.

Je me vois devant l'étendue plate et humide de la rizière qu'administraient mes ancêtres pour le compte du maharadjah de Travancore. Un cocotier s'élance vers le ciel, haut et droit, une grappe de fruits émeraude visible sous les feuilles effilées comme des épées. C'est sur une liasse de ces feuilles qu'a été gravé mon horoscope, annonçant mon arrivée dans un clan de brahmanes légendaire. Je sens les vertèbres sombres du cocotier se tendre dans mon épine dorsale, tandis que les bulles de souvenirs viennent bourdonner dans mon esprit. Là-haut, les feuilles se transforment en pales d'acier. Un hélicoptère m'emporte au-dessus des terres alluviales et des eaux paresseuses. Tourbillon d'yeux, observant, emmagasinant.

En dessous de moi se masse l'armée des arbres. Tamarins, manguiers, jacquiers. Arbre à chair, arbre à jus, arbre intouchable. On donnait aux arbres des noms de caste pour distinguer leur fonction : arbre guerrier à l'armure épaisse et à la chair amère, pour la bataille ; arbre du commerçant dont le doux jus est fait pour le marchandage, dont les fruits peuvent être pressés et séchés pour la mauvaise saison ; et les fruits épineux intouchables du jacquier. Les brahmanes étaient arbres de paroles, une caste à part, à laquelle était donné le grain du langage – le sanskrit – grâce à quoi toutes choses avaient nom et toutes choses s'exprimaient ; et la parole, après deux millénaires d'usage et d'expérience au service de Brahma, le créateur, se faisait chair, acquérait grammaire et syntaxe ainsi qu'une écriture, *deva-nagari*, l'écriture des dieux.

Le deva-nagari est unique en ce sens que tous les mots sont accrochés à une ligne dont ils pendent comme les fruits d'un arbre. Les mots n'ont pas été faits pour voler au-dessus de ce trait, mais obéissent à la première loi de la gravité : ils doivent tomber. Alors que je trace en ce moment des mots de lumière sur l'écran bleu ciel d'un ordinateur, appareil qu'utilisent aujourd'hui des millions d'Indiens de plus en plus citoyens du monde, je prends conscience que ce sont les femmes de mon enfance qui ont alimenté mes rêves d'histoires et de chants qui volent bien au-delà de ce que peuvent saisir les mots écrits.

Grand-mère... ses améthystes murmurent à mon oreille dans le noir, m'endorment avec *nama-Shiva, nama-Shiva*. Grand-mère... *kunjamma*, petite mère de tout le village, qui a vu mourir onze des dix-sept enfants qu'elle a portés et récitait la litanie de leur décès en prononçant le nom de Shiva, dieu de la Mort : « Morsure de serpent, peste, noyade... »

Je dormais à côté d'elle sur la natte de paille, comme le font beaucoup d'enfants indiens aux côtés de leur grand-mère. Parfois, elle me réveillait. « Écoute... » « Écoute quoi ? » « Une mangue mûre vient de tomber du manguier. Viens avec moi. Si nous attendons le matin, les oiseaux l'auront picorée. » Et lentement, comme si elle mesurait chaque enjambée, elle me conduisait dans l'obscurité ; on traversait la cour sablonneuse, le potager, on longeait la citerne, jusqu'à l'endroit exact où gisait le fruit. On raconte encore dans le village comment elle a apaisé un jeune éléphant du temple pris d'une crise de folie. Alors que les paysans s'enfuyaient, elle a remonté l'allée du saint lieu, s'est avancée vers l'animal et lui a dit : « Retourne à ta mère. Les éléphants d'un temple ne se comportent pas ainsi. » L'éléphant s'apaisa et fit piteusement demi-tour. Au Kerala, lorsque des gens se séparent, ils se disent encore aujourd'hui : « Très bien, alors. Va et reviens. » La nuit de sa mort, grand-mère m'avait dit : « Va, va dormir. » Les rayons du soleil matinal passant par les interstices des planches étaient venus la cueillir, semblait-il, et l'emporter comme fétu. Elle n'était pas partie. Elle n'était simplement pas revenue.

Mère. Les yeux en forme de poisson. Elle me lisait le *Mahabharata* et le *Ramayana* ; elle était alors Draupadi, épouse des Pandava, les cinq héros du *Mahabharata*, et moi j'étais l'un d'eux, Arjun. Ou elle était leur mère, Yashoda, et donc ma mère. Ou encore Sita, dans le *Ramayana*, pleurant dans le jardin du roi-démon qui venait de l'enlever de la forêt. Ou bien Savitri, suivant Yama, le dieu de la Mort, qui emportait son époux, et moi, son mari, retrouvais la chaleur de son sein par son chant.

On s'asseyait dans la cuisine, barattant ensemble le lait dans le pot à l'aide d'une grosse corde passée autour d'un bâton, oscillant au rythme d'un disque, sur le gramophone. Au matin, après avoir pris son bain, elle lavait l'entrée de notre appartement d'une pièce à Bombay, puis, à l'aide de farine de riz, d'orange, de poudre de cucurma et de pâte verte de coriandre, elle dessinait des poissons, des étoiles, des carrés et d'autres images sur le seuil. Non seulement pour tenir les mauvais esprits à l'écart, mais aussi pour que les visiteurs n'oubliassent point d'enlever leurs chaussures avant d'entrer chez elle.

Nehru, dans *Découverte de l'Inde (Discovery of India)*, estime que ce sont les femmes qui ont fait des mythes et légendes une « force vivante [...]. Parmi les plus anciens souvenirs de mon enfance, je compte les histoires tirées de ces épopées que me racontaient ma mère et les femmes plus âgées de la maisonnée ». Un général britannique a décrit Lakshmi Bai (dite la Rani de Jhansi), l'héroïne de la « mutinerie » indienne, âgée de vingt ans et morte au combat, comme « la meilleure et la plus courageuse ». Le mouvement pour l'Indépendance a été littéralement dirigé par des femmes – je me souviens des marches de protestation où nous les placions toujours au premier rang, mettant la police au défi de les disperser ! Les poétesses de la liberté, comme Sarojini Naidu ; l'évasion spectaculaire d'Aruna Asaf Ali, leader socialiste pendant le mouvement organisé autour de la déclaration *Quit India* (Quittez l'Inde) ; Vijjaylaksmi Pandit, la sœur de Nehru, qui charma Londres puis Washington en tant que représentante de l'Inde ; et, bien entendu, la fille de Nehru, Indira Gandhi, première femme Premier ministre. Mère Teresa...

Il y en eut des milliers d'autres, il y en a toujours. J'en ai vu certaines dans un documentaire télévisé sur le Jour de la République à New Delhi, les cheveux gris, parfois édentées, zézayantes, parlant encore avec un orgueil maternel d'une nation aussi jeune que leurs rêves. La plupart des Indiens savent aujourd'hui que, si l'on arrive un jour à contrôler la croissance de la population, ce sera aux femmes qu'on le devra. Les Indiennes apportent leur modeste contribution à la libération générale des femmes.

Certaines des libertés les plus vivantes que nous célébrons aujourd'hui – libertés apolitiques, de perception, d'instinct, de mémoire, d'imagination – nous ont été apportées par les femmes. Il y a [page 101] une photo de Mary Ellen Mark qui pourrait être celle de ma mère me donnant des ailes. Elle disait souvent : « Tu me donnais des coups de pied dans le ventre, tout le temps, me posant des questions avec tes pieds, pressé de sortir. »

Elle disait que Garuda, l'aigle du *Ramayana*, avait été tué dans le ciel en voulant reprendre Sita à son ravisseur. Elle avait peur que je ne voulusse voler avant que mes ailes fussent développées. Peut-être savait-elle, même alors, que je rêvais de devenir poète ou conteur. La langue maternelle est pour moi la langue qu'elle m'a donnée. Elle me disait, par exemple : « Tu parles, et on dirait les graines de moutarde qui éclatent dans l'huile bouillante... » Ou encore : « Tu es comme la vague sur l'océan qui, pour la première fois, aperçoit la terre. » Et c'est ainsi, disait-elle, qu'elle m'avait nourri au sein plus longtemps qu'aucun autre de ses enfants. Jusqu'au jour où je fis la grimace, crachai et déclarai vouloir du lait de coco, pas du sien !

Au matin, pendant le petit déjeuner que nous prenions assis autour du feu de charbon sur lequel elle faisait frire des crêpes de riz, elle nous demandait de quoi nous avions rêvé. Elle-même faisait toujours des rêves comiques. « J'ai rêvé que j'étais une noix de coco », dit-elle. « Tu as inventé ça parce que je t'ai dit que je voulais du lait de coco », répondis-je en la regardant avec pitié, mais elle ignorait mes rebuffades. « Et que j'avais six côtés, ici et là, un extérieur, un intérieur, un côté coque, un côté chair. Et j'ai rêvé que tu venais me donner encore un côté, celui de l'œil, et c'est pour cela que je pouvais voir mon rêve. » Nous éclations de rire.

J'ai cessé de rêver en couleurs lorsque j'ai quitté la maison de ma mère.

Jusque-là, j'avais beaucoup rêvé de vols dans l'espace comme pilote dans un cocotier. Je m'élevais au-dessus des autres arbres. Je les entendais parler.

Le tamarinier : « Tu n'iras pas loin. Je suis la chair dont tu as besoin. Je suis doux-amer. Sans moi, on ne peut conserver aucune nourriture. Sur mes branches se cachent les guépards pour bondir. Ils ne sautent que sur les vierges. Je produis mes fruits au cœur de la saison sèche. Je les camoufle en vert. À l'intérieur, une amande noire. Dure. Impitoyable. Froide. Aussi froide qu'est chaud mon sang. »

Le manguier : « Douceur, je ne suis que douceur. Esclave du soleil. De son or j'exsude un suc. Chacun me veut sur sa langue. Si je perds un marchandage, je deviens amer. Si l'on me cueille avant maturité, ma sève brûle. On me greffe facilement. Les oiseaux pilleurs me picorent. Je pousse en bosquets. C'est dans des tonneaux en teck, au cœur de l'obscurité et dans la fraîcheur des caves, que je me conserve le mieux. »

Le jacquier : « Je sais que je suis laid. Couvert de piquants comme un hérisson. Je persévère. Demeure la tête inclinée le plus longtemps possible. Je saigne en dedans. Ma sève me protège. Il faut se huiler les mains pour me toucher. Mes fruits poussent en rangées. Je sens le sperme. On me cuit tel quel. Il faut me consommer mûr. On grille mes noix comme de la viande. »

« Dois-je leur répondre ? » se dit alors le cocotier.

Et le tonnerre répondit : « Oui, apprends-leur, éduque-les. Ils doivent servir l'homme. Toi, à travers eux, tu serviras Dieu. »

« Ce que je dis sera-t-il écrit ? »

Et le tonnerre répondit : « Oui, sur tes propres feuilles séchées par le soleil, de la pointe des éclairs. Parle, et tes paroles danseront dans l'air longtemps après avoir été prononcées. »

Le cocotier se courba vers la terre. Oscillant un peu.

Il dit : « Je suis comme la terre elle-même, ni rond ni carré. Je suis fait pour fendre l'espace, comme une fusée. J'ai autant de couches que la terre. Vert et jaune à l'extérieur, je change avec les saisons. Puis vient la fibre, l'armure protectrice, tissée en bouclier, impénétrable et pourtant tellement souple que l'on peut la torsader en cordages pour suspendre les choses, soulever des poids, faire des paniers, tenir l'ancre des bateaux, entraver l'éléphant. Puis je suis la coque. Que l'on brûle ou dont on fait des coupes pour boire ou peindre, ou dans laquelle on sculpte des masques, ou avec laquelle on mendie. Puis vient ma chair, la noix, blanche et humide, gorgée d'huile, ferme et cependant floconneuse, aliment universel pour les hommes et les bêtes. Et enfin, à l'intérieur de la chair et protégé par elle, je suis le lait, océanique, suave, toujours frais. Je ne nais pas d'une graine. On me plante entier. Des horoscopes sont écrits sur mes feuilles. On allume des brasiers de mon tronc. Quand je suis vieux et mort, on m'emporte pour me replanter comme poteau de téléphone. On me roule entre l'époux et l'épouse lors des mariages. Seuls les intouchables m'escaladent. Et cependant, je suis le brahmane des arbres. Je sers également toutes les castes. J'enseigne, j'apporte la justice, je soigne, je brûle les morts. J'ai trois yeux, un de plus que les hommes. »

Kanu Gandhi, *Le Mahatma Gandhi à l'ashram Sevagram*, Wardha, 1940

Quand tu apprends à nager,
Ne plonge pas dans une rivière sans océan
Dans lequel se jeter,

conseille Kamala Das à ses compagnons,

… va nager dans le grand océan bleu.

Un caractère unique de la liberté en Inde est la nature maternelle, le principe féminin de ses énergies créatrices. Elle se manifeste dans la diversité stupéfiante de ses cultures. Elle est présente dans l'inventivité étonnante de certains de ses premiers hommes politiques. Aurobindo Ghose (1872-1950), par exemple, dont la vie et l'œuvre incarnent la paix qu'il trouva à travers les violentes contradictions de son époque. Ce médecin bengali fut envoyé par son père dans une école religieuse à l'âge de cinq ans, puis en Angleterre quand il en eut sept pour y parfaire son

Kanu Gandhi, *Le Mahatma Gandhi avec Rabindranath Tagore, le poète prix Nobel de littérature*, Santiniketan, Bengale-Occidental, 18 février 1940

éducation. Aurobindo avait vingt ans lorsqu'il quitta l'université de Cambridge. Revenu en Inde, il entra dans le prestigieux Indian Civil Service. Il disait se sentir « dénationalisé » par son éducation étrangère et se mit à rechercher son indianité dans les enseignements du mystique bengali Ramakrishna (1836-1886) et de son disciple, Vivekananda (1863-1902), le premier à avoir prêché l'hindouisme des Veda en Grande-Bretagne et aux États-Unis. Aurobindo quitta son poste de fonctionnaire pour se joindre au mouvement contre la partition du Bengale, fut arrêté pour incitation à la violence et emprisonné. Libéré en 1910, il quitta le Bengale (et sa femme) et se retira dans un ashram pour y pratiquer la méditation et le yoga, à Pondichéry, ancienne enclave française du sud de l'Inde. Des pèlerins du monde entier s'y rendent encore, à la recherche de consolations spirituelles. Aurobindo a écrit : « Là où les autres considèrent leur pays comme un objet inerte, fait de plaines, de champs, de forêts, de montagnes et de rivières, je vois le mien comme la mère, je le vénère et l'adore comme la mère. »

La vénération de l'esprit-mère est l'une des particularités de la liberté de l'Inde. Elle est à la source, depuis toujours, de son héritage artistique, elle est dans la vitalité de son folklore, et, bien entendu, dans l'originalité de ses coutumes alimentaires et vestimentaires. Elle est la force séculière par le biais de laquelle l'Inde appréhende le sacré. Et les Indiens appellent cette force *leela* – « jeu ».

Qu'elle joue ici maintenant, dans les paroles et les images qui célèbrent un demi-siècle d'indépendance.

Ma liberté naquit du jour où je compris mes obligations vis-à-vis des paysans de mon village. Mon père était un brahmane en exercice qui, comme tant de brahmanes ayant reçu une éducation anglaise, au début du siècle, ne supportait plus la honte d'être un citoyen de deuxième classe sur son propre sol. Il se considérait comme descendant de la lignée (*gotram*) de Kaundinya, le sage à qui fut donné l'un des trois plus anciens Veda. L'essence de son Sama Veda est que le Soi doit vivre anonymement, sans égoïsme, comme Kaundinya lui-même, de la vie personnelle de qui nous ignorons tout.

Il y a [page 62] une photo de Robert Nickelsberg, qui pourrait fort bien représenter mon père se baignant dans une rivière. Il entrait très lentement dans l'eau, comme s'il se débarrassait un peu plus, à chaque pas, du poids du temps terrestre. Puis, lorsque le temps-rivière lui arrivait à la taille et que son fil sacré (un symbole brahmane) commençait à flotter dans l'eau, il joignait les mains pour la prière. Il s'aspergeait le visage et le corps sept fois, à chaque prière, le nez fermé par les doigts. Seulement ensuite, la main sur la bouche parce que le langage lui-même devait être abandonné lorsque le corps se mêlait à l'eau, il s'immergeait pour ressortir purifié. « De même que tu enlèves tes vêtements avant de dormir, me disait-il, tu dois te débarrasser de la parole si tu veux aller à Dieu. »

Je crois que cela explique pourquoi il décida de quitter notre village et notre région d'origine, le Kerala, pour aller à Bombay, capitale commerciale de l'Inde britannique. Il travailla comme facteur pour pouvoir poursuivre des études d'ingénieur en électricité ; il devint plus tard employé des chemins de fer. Par tous ses rituels, il demeura un véritable brahmane, mais il quitta néanmoins son village pour être converti par Gandhi, lui-même né dans la caste des commerçants (*vaishya*).

En ces premiers temps du mouvement pour l'Indépendance, beaucoup de brahmanes, à l'instar de mon père, donnèrent un sens nouveau au fait d'appartenir à la « caste supérieure ». Il existe deux termes, dans notre langue maternelle, le malayalam, pour désigner le travail. *Joh-lee*, soit le travail, l'emploi ; et *vey-lai*, le service. Mon père choisit de quitter le village parce que sa morale védique du service devait être modernisée. Notre clan avait servi jusqu'ici le roi : il était temps, maintenant, de servir notre mère l'Inde.

« Ce n'est pas par sa naissance que l'on devient brahmane », avait-il coutume de dire, se faisant l'écho du Bouddha, mais par ses actes. » À la maison, nous mangions sur des feuilles de bananier, assis à même le sol, après avoir versé de l'eau autour des feuilles. Nous disions ensuite les grâces avec sept bouchées de riz, pour l'esprit résidant dans notre enveloppe charnelle, pour Brahma, pour nos ancêtres, nos aînés, nos proches, et ainsi de suite. Notre mère mangeait toujours en dernier, sur la même feuille que celle de notre père. Ensuite, on se nettoyait les dents avec du sel et des coques de grain. On se frottait la langue à l'aide d'une côte de mangue ou d'une feuille de cocotier, et on se passait de la pâte de santal sur le corps. Le samedi, jour de Saturne, nous nous massions avec de l'huile de sésame chaude. Nous portions des pagnes, et les enfants restaient nus. La prière avait lieu autour d'une lampe de cuivre, le soir, et nous observions les jours « fastes » en fonction du calendrier védique.

En tant qu'adepte de Gandhi, mon père ajouta de nouveaux rituels. Nous filions la laine quelques heures par semaine. Il nous lisait les articles de Gandhi dans sa lettre hebdomadaire, *Harijan*. « *Eashwar - Allah théra naam* », disait Gandhi, ne voyant aucune différence entre le dieu hindou et le dieu musulman. Si bien que mon père demanda à un parlementaire musulman de m'expliquer le Coran.

Alors qu'il m'avait inscrit dans une école anglaise et me lisait du Shakespeare et du Dickens, mon père, un après-midi, m'emmena jusqu'à notre petite gare, où s'était arrêté le train de Gandhi, pour une *darshan* – une vision de lui. C'est un terme difficile à traduire. On a souvent cherché à restituer – comme dans certaines de ces photos – la « présence » de Gandhi. Une fois sur le quai, mon père s'arrêta à la hauteur d'une voiture de première classe pour que je visse la poétesse Sarojini Naidu. Je me souviens qu'elle me dit en riant : « N'oublie pas de lui demander de te montrer ses dents. » On plaisantait sur le fait que Gandhi en avait perdu beaucoup. Il était assis sur le siège en bois du contrôleur, dans la voiture de première classe. Mon père dut me soulever pour que je pusse le voir à travers le grillage de la petite fenêtre. Son regard se posa sur moi. Je sentis que l'Inde ne serait jamais un endroit inamical. Qu'elle serait ouverte. Toujours. J'avais été « ouvert ».

Lorsque mon père me reposa au sol, j'entendis Gandhi dire : « Il est maintenant prêt à devenir un jeune volontaire du Congrès. » Comme à beaucoup, à l'époque, il demandait à mon père de consacrer l'un de ses fils à la cause. Plus tard, devenu l'un des volontaires chargés de rendre de menus services aux hauts dirigeants du comité du Congrès, je sentais la puissance de sa présence au-delà de l'agitation, des mesquineries, des marchandages et des intrigues des politiciens ordinaires. Même les mots « pouvoir » et « présence » ne rendent pas justice à Gandhi. *Shakti*, l'« aura », en est peut-être plus proche. Sa compassion était telle qu'il pardonnait tout d'avance, comme il me pardonna des années plus tard, un lundi, son jour de silence. Cela se passa alors que j'avais rejoint le groupe socialiste du parti, avant la campagne *Quit India* lancée par Gandhi en 1942 pour saboter l'effort de guerre britannique, et qui me valut d'être arrêté et emprisonné.

« Il n'est pire prison que la prison du soi », disait mon père, citant les Upanisad. La plupart d'entre nous, en ces jours d'avant l'indépendance, sentions la liberté comme l'expression d'une conscience collective. L'Inde, forme géophysique, a la tête drapée de neige, les bras écartés, les doigts faits des tributaires du Gange et de l'Indus, le buste dépouillé constitué par les monts Vindhya ; ses cuisses sont les Ghats orientaux et occidentaux, ses orteils plongent dans l'océan Indien.

Écrivant ceci, j'éprouve à nouveau ce sentiment d'une expérience collective, comme si rien de ce qui m'était arrivé, aucun de

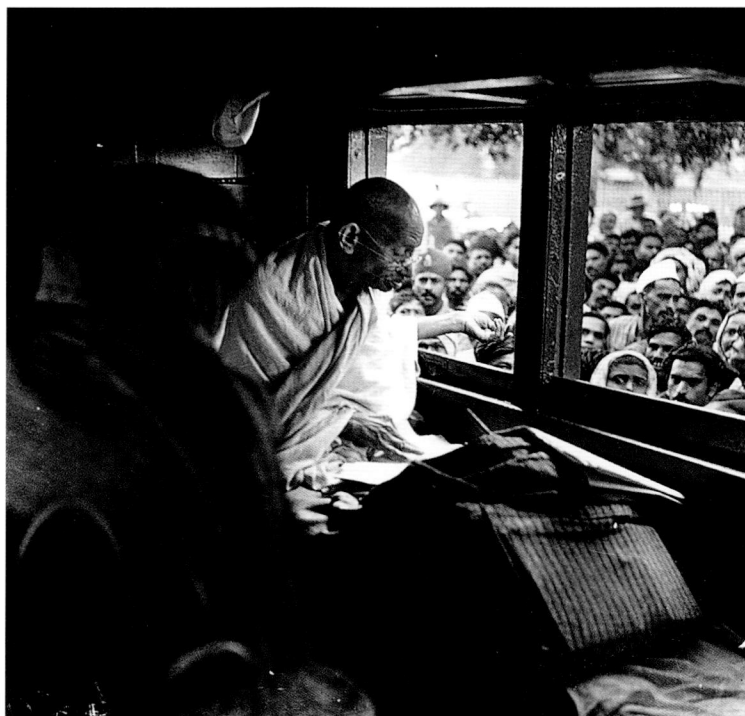

mes souvenirs, n'était une chose entièrement personnelle. « Le sentiment de solidarité avec tout ce qui vit fait qu'il ne me paraît pas important de savoir où commence et où finit l'individu », a dit Albert Einstein. Et Nehru a écrit : « Si, extérieurement, il y avait une variété et une diversité infinies entre nos peuples, il y avait aussi partout cette formidable impression d'unité qui a maintenu notre cohésion pendant les siècles passés, quels que fussent notre destin politique et nos malheurs. » Karanth, un poète du Karnataka, a déclaré pompeusement : « Entendez, par moi, parler 350 millions de voix. »

Un jeune volontaire du Congrès n'avait de temps ni pour les plaisirs ni pour les angoisses. Après l'école, c'étaient les groupes d'études, les réunions, les grèves sporadiques *(hartals)* à organiser, les cérémonies aux couleurs à l'occasion des jours revêtant une signification particulière, les marches sur la plage de Chowpathi lors de rallyes politiques, les brochures à vendre.

Jetés au milieu de l'animation des rues d'une ville, nous commencions à saisir ce que voulaient dire, concrètement, le système colonial, sa pénétration économique, l'étendue de son exploitation. Les Britanniques disposaient de leurs sanctuaires : gymkhanas, club de yachting, champs de courses, bars et quartiers résidentiels. Avaient leurs riches lécheurs de bottes indiens. À Bombay, nous apprîmes trois ou quatre langues, le marathi, le gujerati, l'hindi et, bien entendu, l'anglais. Nous apprîmes aussi à

Kanu Gandhi, *Le Mahatma Gandhi en tournée de collecte de fonds pour les Harijans*, Bombay, 8 septembre 1944

reconnaître instinctivement le vrai du factice, l'escroc de l'honnête fripouille, et le saint simple d'esprit du comédien.

L'une des raisons pour lesquelles mon père choisit les chemins de fer tenait à certains privilèges dont l'emploi était assorti : éducation et soins médicaux gratuits et, encore plus importants, voyages gratuits en deuxième classe. Une fois par an, pendant les vacances scolaires d'hiver, il nous amenait dans une partie différente de l'Inde. Delhi au nord ; Lahore, Lucknow ; Amritsar dans le Pendjab ; Calcutta à l'est ; l'Inde centrale, Poona ; Ahmedabad, dans le Gujerat ; Baroda, Mysore, Bangalore ; Bénarès et les autres lieux de pèlerinage ; les centres de la culture musulmane comme Aligarh et Hyderabad ; et, bien sûr, Madras et la pointe sud de l'Inde, le cap Comorin (Kanyakumari) où, disait ma mère, « trois mers se rejoignent pour nous laver les pieds ».

Nous visitâmes des fabriques de jute et des temples anciens ; descendîmes dans des mines de charbon et dans les grottes d'Elephanta ; vîmes le pont de Howrah et les fleuves de légende, l'architecture moghole et l'allure impériale de la Delhi nouvelle de Lutyens. Mais aussi le vieil observatoire, les grandes mosquées comme la Jumma Masjid ; le fort Rouge ; le Qutb Minar ; les palais des maharadjahs à Gwalior et Pariala ; l'église Saint-Thomas de Madras, la synagogue de Cochin. Les prisons, aussi, où l'on avait enfermé Gandhi et d'autres dirigeants.

Nous descendions toujours dans de simples ashrams. Partout, nous étions avides de connaître les spécialités locales, abricots, dattes, noix dans le Nord ; les sucreries du Bengale ; les fins *chappaties* de Lucknow ; le lait à la crème épaisse chauffé dans des poteries à Hardiwar ; les pastèques rouges et les tangerines pulpeuses ; les *grams* rôtis et les patates douces ; le fruit du palmier rappelant l'huître ; les mangues ; les pommes succulentes à la crème ; les pickles et les chutneys ; les suaves *lassis* et les jus de citron vert frais. Les singes volaient la nourriture dans nos assiettes de feuilles séchées ; les perroquets criaillaient. Nous vîmes le *gulmohar* au feuillage flamboyant, au centre d'un champ aride ; les fruits violets du *jambul* pendant en grappes. Partout, ma mère mettait un bouquet de fleurs de jasmin dans ses cheveux tressés.

Nous vîmes des fakirs marcher sur des braises, s'enfoncer une broche dans la joue ; des charmeurs de serpents faire sortir le cobra de son panier, onduler et exhiber ses crocs au son d'une cornemuse ; des ours se dandiner au roulement du tambour ; des acrobates en équilibre au sommet d'une perche suifée ; des magiciens sciant une fillette en deux dans un panier tressé ; des paons déployant leur queue et s'ébrouant pour annoncer l'arrivée de la mousson ; des éléphants et des chevaux harnachés pour transporter une épousée ; des tigres et des lions dans des zoos ; des chameaux avançant de leur pas lent au milieu de la circulation ; des eunuques et des travestis battant des mains et chantant ; des bayadères

dansant pieds nus, des bracelets aux chevilles ; des diseurs de bonne aventure, des autels installés au creux d'arbres massifs comme le pipal... Et partout, des foules comme on n'en voit qu'en Inde, un fleuve qui déborde, des nuages qui se massent, une grande lame de fond, une éruption volcanique.

Cette Inde-là existe toujours, existera toujours. En dehors du temps, dans un espace jamais usurpé par des forces étrangères. Elle est pure parce que sans honte. Elle est la chorégraphie d'une innocence originelle. Et la preuve vivante que sacré et profane sont inséparables dans la célébration de son indépendance.

Telles que je les considère aujourd'hui, ces premières expériences de mon indianité sont encore à récupérer et à métaboliser. Le souvenir devient rêve. Une fois par an, pendant les longues vacances d'été, mon père nous ramenait dans notre maison ancestrale, au Kerala. Le village était une source toujours renouvelée d'énergie spirituelle.

J'avais pour compagnon un intouchable. Keshavan, plus petit que moi de quelques centimètres, avait une petite tête au front étroit. Le pied léger, mince, noir de peau et droit comme un *i*, il appartenait à la caste des *toddy-tapper*, qui ont pour fonction, entre autres, de grimper aux cocotiers pour en cueillir les fruits. Il s'attachait les chevilles d'une corde en fibre de coco, talons en contact, orteils agrippés au tronc. Lorsqu'il montait en grenouille jusqu'en haut, on aurait dit que le cocotier n'avait plus la cime dans le ciel, mais qu'il la lui faisait recourber vers le sol.

Keshavan m'apprit à grimper, et je fis nombre de rêves dans lesquels je volais, pilotant un cocotier. Je m'élevais au-dessus des autres arbres. Je rêvai qu'à l'aide d'un mantra que m'avait confié mon père j'avais créé un cocotier à portée de ma main ; ainsi, je ne craignais pas de voir disparaître un jour Keshavan dans un tourbillon de palmes.

Je fis un rêve réjouissant, une année sans pluie. Mes oncles boudaient, l'humeur morose. Mes tantes cachaient les meilleurs morceaux, bananes frites, fruits du jacquier, et même le café et le sucre. Il n'y avait pas de lait, disaient-elles, parce que les vaches n'en donnaient plus. Il n'y avait tout simplement pas assez à manger. Un matin, je quittai les chamailleries de la cuisine et, passant par les champs desséchés, me rendis sur le sommet plus frais de la colline.

C'est en marchant, tête baissée, que me vint un rêve puissant. « Tu vois, Keshavan, il ne pleut pas parce que le ciel a besoin d'être nettoyé. Quelque chose le bloque.

– Un blocage dans le ciel ? demanda-t-il en riant.

– Oui, des toiles d'araignée.

– C'est dans ta tête qu'il y en a !

– Paysan stupide, qu'en sais-tu ? Tu vis dans une hutte au toit de palmes, pas comme moi, dans une maison de bois et de pierre avec un toit d'ardoises et des poutres solides couvertes de toiles d'araignée. Tu n'en as jamais vu.

– C'est vrai, *swami*, dit-il du ton déférent que l'on utilise avec la caste des brahmanes. Il n'y a pas de toiles d'araignée dans ma hutte. Le soleil et la pluie passent par les interstices, entre les feuilles sèches et craquantes, *swami*. Pas de toiles d'araignée. »

J'aimais trop Keshavan pour le laisser dépérir dans son absence de toiles d'araignée. « Tu as la fraîcheur de la brise. Dans notre maison, on a des toiles d'araignée et dans les coins sombres des araignées, des cafards et des punaises. Et jusque dans nos têtes grouillent les insectes. » Ainsi racontai-je à Keshavan mon rêve de cocotiers.

Je lui dis que j'avais rassemblé tous les cocotiers attachés bout à bout, pour atteindre le ciel, les surmontant d'un poteau à l'extrémité duquel j'avais formé une énorme tête-de-loup avec des ronces ; ainsi j'allais pouvoir nettoyer le ciel de ses toiles d'araignée pour que la pluie pût enfin s'abattre.

Keshavan était plein d'admiration.

« Tu es capable de le faire ?

– Oui, Keshavan, je le peux. Le mantra brahmane est puissant.

– Un jour, swami, m'enseigneras-tu ces mantras, pour que, moi aussi, je puisse le faire ? Je ferai pleuvoir à chaque fois que les gens en auront besoin.

– Espèce de fou, paysan fils de porc, je ne peux pas te les enseigner, dis-je tristement.

– Pourquoi ?

– Parce que, tête de linotte, tu ferais pleuvoir tout le temps, voilà pourquoi. C'est du lait de coco que tu as sous le crâne. »

Ses yeux s'allumèrent.

« Oui, swami, tu as raison. Les brahmanes sont sages. »

Le lendemain matin, tandis que je me rendais seul au temple de la colline, dans le bourg voisin, je vis, au pied de l'éminence, des douzaines de travailleurs presque nus. Ils transportaient des troncs de cocotier et les posaient le long de la route à intervalles réguliers, comme des tuyaux. Entre eux, il y avait de petits rouleaux de fil – on aurait dit des noix de coco argentées. Je compris ce qui se passait. On installait la première ligne télégraphique jusqu'à la ville voisine pour relier le village au reste du vaste monde. Le jour viendrait-il où j'écrirais à Keshavan depuis Bombay, depuis les villes de l'Occident, des villes où l'on frappait ces pièces dites anglaises, la nouvelle monnaie des idées ?

C'est alors que je décidai de devenir écrivain, que je ressentis le besoin de partager la liberté dont je me sentais déjà l'héritier légitime avec tous les dépossédés de la terre, représentés par mon ami intouchable, Keshavan. Ce soir-là, pendant que nous nagions dans la rivière, je lui dis : « J'écrirai des mots pour toi ; ils danseront sur les lignes du télégraphe tendues d'un cocotier à l'autre et viendront tomber à tes pieds, dans le village. »

Mon éducation politique et le travail pour le parti du Congrès à Bombay avaient donné une impulsion nouvelle, moderne, au sens brahmanique de mes devoirs envers les autres castes, grâce à l'exemple de Gandhi. Revenir chaque année au village, où toute activité du Congrès était bannie, conférait une qualité particulière aux idées révolutionnaires et, en même temps, un parfum aigu de subversion. De retour à la ville, je fus séduit par la littérature des autres révolutions – les sanglantes. Celle des Américains contre cette même Couronne qui osait imposer son joug (et ses impôts) au-delà des océans ; la Révolution française, les soulèvements communistes des paysans russes et chinois contre le féodalisme. Nous étions jeunes en un temps de révolution violente ; nos pères appartenaient au mouvement non violent.

Alors que Gandhi demeurait le phare de la résistance, l'incarnation indiscutable de la force morale s'élevant contre la puissance de l'Empire, c'est en Nehru que ma génération voyait l'avenir. Ses paroles et ses écrits présentaient plus d'éclat, d'urgence et de virilité. Gandhi lui-même a dit de Nehru qu'il était son véritable héritier. Tout en gardant foi au Père de la Nation, Nehru incarnait l'énergie vibrante de notre époque. Gandhi était un patriarche de l'Ancien Testament, ou un sage védique ; Nehru était un héros de film, un ferrailleur. Son autobiographie dénonçait l'impérialisme et démasquait l'exploitation coloniale – alors que Gandhi blâmait celle-ci et la renvoyait à sa conscience. Gandhi nous a donné la nation ; Nehru, le monde.

Peu après la déclaration de guerre de la Grande-Bretagne à l'Allemagne, le climat changea. Nehru exigea l'indépendance, sur-le-champ, afin que l'Inde pût se joindre à la guerre contre le fascisme en tant que nation libre. Churchill ne voulut rien savoir. Les discours des dirigeants du Congrès se firent de plus en plus virulents. Aucun compromis n'était plus possible de la part des uns ou des autres. J'avais rejoint le groupe socialiste du Congrès, avec, à sa tête, Jayaprakash Narayan. Paysan du Bihar qui n'avait jamais vu un tramway avant l'âge de douze ans, Narayan était allé aux États-Unis et avait payé ses études universitaires en cueillant des fruits et en travaillant en usine – récoltant cinq doctorats au passage. Les socialistes se préparaient à « passer dans la clandestinité » et à saboter l'effort de guerre britannique. J'étudiai l'art de fabriquer des bombes et de dynamiter les ponts pour faire dérailler les trains de munitions.

Gandhi lui-même concédait que cette violence était inévitable. Révolution ou résolutions adoptées par le Congrès ? Ainsi l'historique *Quit, India now*, énoncé le 7 août 1942, affirmant que rien ne justifiait que le Congrès « continuât de retarder la nation ». Sardar Vallabhai Patel, l'homme fort du Congrès, déclara : « Si le choix est entre l'esclavage et l'anarchie, j'espère que les gens

Kanu Gandhi, *Le Mahatma Gandhi en conversation avec Jawaharlal Nehru, dans une maison de caste inférieure*, Banghi Nivas, New Delhi, 1946

choisiront l'anarchie, car celle-ci finira par disparaître et le peuple trouvera la liberté. »

Dans la nuit du 9 août 1942, lorsque nous apprîmes que tous nos dirigeants avaient été arrêtés dans un vaste coup de filet à l'échelle du pays et envoyés dans des prisons lointaines, je sortis pour aller déchirer les affiches de l'armée à la gare locale. Sabotage. Je fus battu par un soldat britannique. Mon père, comprenant ce qui arriverait si j'étais pris dans une activité « clandestine », et aussi, je suppose, craignant pour son travail et pour son image de fidèle de Gandhi, décida de me renvoyer dans notre village natal du Kerala, « le temps de me calmer ».

De nombreux partisans de Gandhi, originaires de la province et venus chercher fortune à Bombay, furent ainsi « évacués », ces premières années. On aurait vu un bateau de guerre allemand au large de Bombay. Personne n'aurait pu dire si les Alliés allaient gagner la guerre. Un audacieux nationaliste bengali, Subhas Chandra Bose, s'était rendu en cachette en Allemagne, puis au Japon, afin de recruter une armée nationale indienne devant « envahir » l'Inde à travers la Birmanie.

Au début des années quarante, alors que Gandhi et tous les autres dirigeants nationaux étaient en prison, ce fut comme si la première phase du mouvement pour l'indépendance s'achevait, laissant la place à des forces nouvelles. C'est la guerre qui avait provoqué ce mauvais coup. Une nouvelle classe se manifestait, celle des collaborateurs au service de l'intendance britannique sur le front oriental ; les champions du marché noir, thésaurisant les produits stratégiques, apprenant à manipuler le marché. Même ceux qui se prétendaient partisans du Congrès s'en mettaient plein les poches. Mes amis musulmans, comme la jeune musulmane dont j'étais tombé amoureux, rêvaient d'une nation séparée lorsque, après la guerre, les Anglais comprendraient que la période de l'impérialisme colonial allait fatalement s'achever.

Peut-être toute guerre engendre-t-elle un climat psychologique dans lequel agression et violence deviennent des vertus. Électrisés par le concept nazi d'une race supérieure aryenne, les dirigeants extrémistes agitaient l'image d'un hindouisme militant. Lorsque je retournai à Bombay, nombre des jeunes volontaires du Congrès qui avaient été mes amis, en particulier ceux issus de la classe ouvrière, étaient entrés au Parti communiste, légalisé depuis que l'Union soviétique avait rejoint les Alliés. Nous, jeunes socialistes, ne leur pardonnâmes jamais. Nous nous sentions trahis. Le Parti communiste était la marionnette de la Russie stalinienne, et le communisme était tout aussi étranger à l'Inde que l'impérialisme. Les socialistes étaient toujours « clandestins ». Et alors que j'avais eu un peu plus d'un an pour me « calmer », mon père fut très fier que je fusse arrêté et emprisonné pour avoir défié l'interdiction des réunions politiques en organisant une cérémonie aux couleurs, le jour du *Quit India*. Les policiers qui vidèrent mes poches des tracts subversifs qu'elles contenaient me traitèrent avec beaucoup d'égards, disant à mon père : « Votre fils est un héros. »

L'Allemagne fut vaincue. Puis le Japon se rendit à son tour. L'Inde, qui était jusque-là l'Inde de Gandhi, dut faire face à une nouvelle réalité lorsque sa minorité musulmane passa à l'« action directe » et déclencha des émeutes à Calcutta, dans un pari désespéré de se créer une patrie, le Pakistan.

L'indépendance à tout prix – le rêve de l'unité se transformant en un cauchemar, celui de la partition, ou en état prolongé d'autodestruction, d'effusion de sang, d'instabilité politique permanente ? Un million de personnes allaient mourir, et au moins autant, peut-être, allaient être chassées de leurs maisons avant que ne naquît la nouvelle nation, le 15 août 1947.

L'histoire n'admet jamais. Tout au plus s'excuse-t-elle. Elle ne manque pas d'apologistes. Des encyclopédies ont été consacrées à la partition de l'Inde. Qu'elle eût été le fruit de l'opportunisme politique et de la convergence du libéralisme britannique, de la fermeté musulmane et des intérêts désespérés des hindouistes, ou qu'elle eût été inévitable, la liberté nous tomba dessus avec la violence d'un choc physique, comparable à celui, déroutant, que provoque une première expérience sexuelle. C'est un frisson charnel et non psychologique qui nous secoua. Ce que Rilke appelle « les pères demeurant comme des montagnes en ruine au plus profond de soi » s'éveilla dans notre géographie personnelle. Jusqu'à ce jour, l'Inde était pour moi un bien-fonds sur lequel je veillai dans la perspective d'une nation. Il fallait maintenant en reprendre possession.

La naissance de l'Inde en tant que nation a été popularisée sous le nom de Liberté de minuit – les Enfants de minuit étant son peuple. Ce ne fut cependant pas un conte à la Cendrillon pour ceux qui la vécurent, mais une saga de changement et de continuité. Tout comme les photos de cet ouvrage, des milliers d'Indiens, participants comme moi, ont vécu une existence qui porte témoignage des événements vécus par la nation.

Peu après la libération des dirigeants nationalistes et après que le gouvernement travailliste d'après-guerre eut reconnu que le temps était venu de laisser l'Inde maîtresse de son destin, commencèrent les négociations pour le transfert du pouvoir et l'adoption d'une date butoir, en 1948 et non 1947. La plupart des militants ordinaires du Congrès, dont j'étais, ne se faisaient guère d'illusions sur ce qui se passait. La violence régnait partout. Les émeutes de Bombay nous rappelèrent la vague de terreur qui avait déferlé sur Calcutta et aux frontières ; les populations où se mêlaient musulmans et hindouistes devinrent les victimes expiatoires d'un drame inhumain – la refonte de la carte du sous-continent.

L'Empire britannique avait sa conception personnelle de la justice : il fallait que ce qui était fait *fût vu*. Comme l'avait dit bien avant le Premier ministre Gladstone, les Britanniques ont toujours traité les Indiens soit comme des enfants, soit comme des poupées. L'impérialisme était un exercice d'autosuggestion, l'Inde une école maternelle pour des enfants charmants mais indisciplinés. L'excitation les gagnait. Ces enfants voulaient de nouveaux jouets. Qu'il en fût ainsi. Que les pandits, les fakirs à demi nus et les mollahs prennent le pouvoir. La Grande-Bretagne avait perdu un empire de jeunes vies pendant la guerre. Elle avait beaucoup à reconstruire chez elle.

Nombreux étions-nous, parmi les jeunes volontaires, à voir que le Congrès, qui s'était développé comme une institution de service, se transformait en souk. C'était le début des cliques, des marchandages, du copinage et des réseaux. Les fidèles de Gandhi avaient remisé leur rouet. Ils portaient des calots à la Nehru et des khadis de fabrication locale, tout en se constituant une clientèle électorale pour aller siéger dans les assemblées provinciales ou à l'Assemblée constituante centrale, puis, peu à peu, mettre la main sur un portefeuille ministériel, sur un empire bien à eux. Nous autres, les jeunes, n'étions bons à quelque chose que dans la mesure où le politicien professionnel dont nous pouvions nous approcher voulait bien se servir de nous. Nous commençâmes à penser à survivre, à réinvestir nos rêves personnels de liberté dans le labeur de nos corps, dans la dignité d'une tâche, en tant que médecins, ingénieurs, voire bureaucrates, techniciens, professionnels de tel ou tel métier dont la nation allait avoir besoin. Beaucoup se retirèrent de la politique active.

Gandhi lui-même avait laissé le soin d'édifier la nation à son héritier politique, Nehru, et choisi de creuser un sillon plus profond, plus spirituel, en faisant le tour des régions déchirées par les émeutes et en présidant des assemblées de prières. On le voit ici, sur certaines photos de Sunil Janah, le regard tourné vers l'intérieur comme s'il ne supportait plus de regarder l'Inde, ou dans la solitude d'une voiture de chemin de fer, tourné vers la foule

Homai Vyarawalla,
Les Mountbatten quittent Rashtrapati Bhawan accompagnés de Rajagopalachari, qui prit le poste de second gouverneur général,
21 juin 1948

venu recevoir le *darshan*, ou encore filant la laine à son rouet. Contraste saisissant, le visage de Nehru brûle d'une sorte de fureur héroïque, d'un refus obstiné de fuir ses responsabilités et de laisser l'Inde s'enfoncer.

Je les rencontrai tous deux avant de décider de quitter le parti du Congrès et de commencer à gagner ma vie comme journaliste et comme écrivain. Voici comment.

J'étais volontaire lors de la session capitale du Congrès de 1946, à Bombay, lorsqu'il devint évident que Nehru, et Nehru seul, devrait décider : une Inde indépendante, intégrale, ou une Inde avec une patrie séparée pour ses musulmans. La faction socialiste voulait évidemment une Inde non divisée, mais la décision n'était toujours pas prise. Ce fut une sacrée nuit. Impossible de dormir. Je brûlais de rage, une rage aveugle qui pouvait me pousser à commettre quelque acte de folie. Aux petites heures du matin, la tente dans laquelle je me tournais et me retournais était un vrai chaudron. Je décidai de me lever et d'aller « manger » (comme nous disions) un peu d'air frais. À une centaine de mètres, j'aperçus une silhouette, celle d'un homme en pyjama qui allait et venait nerveusement, comme un animal en cage. Nehru. Mains serrées dans le dos. Épaules voûtées. Lentement, comme si je traquais un tigre, je m'approchai.

Homai Vyarawalla, *Rassemblement en l'honneur de Gandhi à Raj Ghat ; Jawaharlal Nehru, le président Rajendra Prashad, sa femme et sa sœur, à l'occasion du troisième anniversaire de la mort de Gandhi, 30 janvier 1951*

À cette époque, les volontaires n'avaient pas de badge. La notion de sécurité était inconnue. Nehru lui-même détestait être protégé.

« Traître », sifflai-je à voix basse, pour moi-même. J'étais sûr qu'il ne m'avait pas entendu. Il se tourna cependant brusquement, sur ses gardes, regardant autour de lui. Il me repéra.

« Viens ici, me dit-il. (Sans doute m'avait-il reconnu comme l'un des volontaires.) Qu'est-ce que tu fabriques à traîner à une heure pareille, au lieu de prendre un peu de repos ? Tu sais que nous allons avoir beaucoup de travail, aujourd'hui.

– Je ne pouvais pas dormir, tout comme vous.

À l'époque, le fossé des générations n'existait pas entre les dirigeants et les jeunes volontaires. Il passa un bras autour de mes épaules.

– Tu as raison. Moi non plus, je ne pouvais pas dormir. Qu'est-ce qui te tourmente ?

– La même chose que vous.

Il éclata de rire.

– Bien dit ! On forge les décisions sur l'enclume des contradictions.

– Vous avez décidé ?

– Nous verrons, répondit-il.

Puis il me demanda, de ce timbre charmeur avec lequel il arrivait à séduire n'importe qui :

– Dis-moi, tu sais que je suis bien isolé, à l'heure actuelle, des gens de la rue... Que disent-ils de moi ?

Je n'hésitai pas.

– Ils disent, *Panditji*, ils disent que vous êtes un homme de bien entouré d'escrocs et de gangsters.

– C'est ce qu'ils disent ? fit-il, incrédule. Et toi, tu le crois aussi ?

Toute ma colère s'était évanouie.

– Oui, mais je sais que tant que vous serez là, l'Inde restera l'Inde.

– C'est un lourd fardeau, dit-il, et je ne peux le porter seul. Bon, il est temps que tu ailles dormir un peu. J'ai envie d'être seul encore un moment. »

Mon tête-à-tête avec Gandhi eut lieu plus tard. J'avais demandé une audience au nom du groupe des Jeunes Socialistes. C'était un lundi, son jour de silence, et il rédigeait ses réponses sur des morceaux de papier qu'il déchirait dans un cahier d'écolier. Il pouffait parfois de rire avant de répondre, comme un enfant jouant aux billes.

Ne voyait-il pas que la non-violence avait échoué ? demandai-je. Il me répondit en souriant que, tôt ou tard, les Britanniques quitteraient l'Inde. C'était en se fondant sur le sens commun qu'il avait choisi la non-violence pour obtenir l'indépendance. Les armes coûtent cher. Elles signifient qu'il faut nouer des alliances secrètes avec des marchands d'armes dans des pays étrangers. Il faut longuement entraîner ceux qui vont les porter ; cela faisait courir le risque que les armes fussent employées à des fins scélérates. La révolution non violente était la stratégie la moins chère, économiquement, pour l'Inde.

« Ainsi donc, une révolution horizontale ? ricanai-je.

– Au niveau du sol », griffonna-t-il. Puis il sourit.

J'avais la nausée. J'avais envie de l'humilier. Je dis quelque chose comme : « Une révolution passée allongé par terre me plairait bien si c'était à côté de jolies filles. »

Je n'oublierai jamais son expression : que Dieu te pardonne parce que tu ne sais pas ce que tu dis, signifiait-elle. Il se remit à filer, se réfugiant dans le silence. Le fuseau montait dans sa main gauche comme une jeune colombe apprenant à voler. La roue tournait doucement. Je me levai pour partir. Gandhi s'arrêta.

Il arracha une nouvelle feuille au petit cahier et, de son écriture aérienne, traça quelques mots. Il posa légèrement le buvard dessus, puis me tendit le papier. En fait, il n'avait écrit qu'un seul mot : *Baba* (« Fils »). Et signé en dessous : *Bapu* (« Père »).

Le fuseau s'éleva haut au-dessus de sa tête comme une colombe en plein vol, ses ailes blanches déployées. Je venais d'être adoubé. Après son assassinat, le 30 janvier 1948, de nombreux dirigeants

Homai Vyarawalla,
*Jawaharlal Nehru vient
d'être nommé Premier
ministre*, 1952

socialistes se retirèrent de la politique. Jayaprakash Narayan et Vinobha Bhave entamèrent un *boodan* pour persuader les grands propriétaires terriens de rétrocéder volontairement des terres aux paysans.

La mort et la vie de Gandhi atteignent les dimensions du mythe. Ainsi que l'a écrit Einstein : « Il est bien possible que les générations à venir aient peine à croire qu'un être de chair et de sang tel que lui ait parcouru la terre. » Alors que l'Inde et le monde se préparent à entrer dans le IIIe millénaire, le IIe restera toujours celui de Gandhi.

Au moment où j'écris ceci, j'apprends par le *Times* de Londres que, un demi-siècle après l'indépendance, des idées de Gandhi, restées non formulées mais griffonnées au dos de lettres, d'enveloppes ou sur des cahiers d'écolier, sont rendues publiques. Ces documents avaient été mis de côté par son secrétaire,

V. Kalyanam, au cours des dernières années. De lui-même, Gandhi écrit : « Il a fait un choix définitif. Il n'a aucun désir de voir l'Inde ruinée par une guerre fratricide. Il prie sans cesse pour que Dieu lui épargne de voir une telle calamité s'abattre sur le pays. »

Nous attendîmes minuit, le 15 août 1947, pour écouter Nehru à la radio nous décrire le moment de l'indépendance comme un « rendez-vous avec le destin ». Nous avions été soumis à de terribles violences. En tant que journaliste, je n'avais cessé de parcourir les quartiers les plus pauvres de Bombay et de décrire les tueries absurdes et les violences de rue, dans les secteurs où hindous et musulmans cohabitaient. Le père de la jeune musulmane que j'aimais avait décidé de partir pour le Pakistan ; le mien parlait de prendre sa retraite et de retourner au village, pour vivre la dernière partie de sa vie de brahmane dans un ashram.

La fatalité, *kismet*, s'était faite destin. Jusqu'alors, c'était la fatalité qui avait gouverné nos existences – sous la forme d'une Couronne ornée de joyaux qui nous avaient été volés. Du jour au lendemain, un peuple couché s'était mis debout. Se coucher était une façon de mourir. Mais quelle forme allait prendre le destin, lorsque je me réveillerais ?

J'avais la tête bourdonnant de toutes sortes de bruits. Je crus entendre les bijoux de la Couronne s'enivrer à Buckingham Palace. Le plus précieux de tous, le diamant le plus rare au monde, le Kohinoor, leva son verre et déclara :

« Rira bien qui rira le dernier !

– Dis-nous comment ! voulurent savoir les rubis et les émeraudes.

– Tout est là, soigneusement couché dans les archives de l'Empire. Nous sommes arrivés en marchands honnêtes. Les indigènes nous ont demandé de rester pour les protéger des hordes tribales qui déferlaient par les passes, dans les montagnes du Nord, et des étrangers qui entraient clandestinement par les ports occidentaux. Nous avons donc signé des traités honorables avec les princes locaux et leur avons offert les services de nos soldats, les plus courageux au monde. De plus, nous leur avons appris à creuser plus profond leur terre pour en arracher des métaux, de l'or, du cuivre, du fer et du charbon. Nous avons asséché les marais, créé des plantations de canne à sucre, de jute et de coton là où avant n'était que désert. Nous avons déboisé les collines, planté du thé et du café. Nos usines de Manchester leur ont fourni des vêtements de qualité pour vêtir leur nudité. Raison et science ont pris leur essor, portées par la langue de l'Empire. Nous avons élevé d'excellents chevaux de polo, formé des joueurs de cricket. Nous avons ouvert nos écoles et nos universités aux fils des riches. Des milliers des nôtres sont morts de malaria ou de peste pour leur apporter la justice, le chemin de fer et l'électricité.

– L'avidité et le whisky aussi, murmura une miette de pain, sur la table du banquet.

– Et ensuite ?

– Ensuite est venu ce sorcier, né dans une respectable famille de commerçants d'un village de la côte ouest, envoyé étudier notre droit en Angleterre. Ne pouvant obtenir de poste à son retour, une famille musulmane lui offrit un emploi en Afrique du Sud. Tout d'abord, nous l'avons pris pour un excentrique. Mais il connaissait son affaire, et il joua les bonnes cartes pour libérer la main-d'œuvre indienne asservie en Afrique du Sud. Puis il retourna en Inde où il avait déjà des adeptes, y compris parmi certains de nos compatriotes aux idées fumeuses. Nous l'avons cru inoffensif et avons pensé qu'un petit tour derrière les barreaux le guérirait de ses rêves. Ça n'a pas marché. Il avait jeté un sort aux indigènes. Ils ne se sont pas soulevés : il avait appris à ces cochons de paresseux à s'allonger dans les rues ou sur les voies de chemin de fer pour qu'ils

puissent y dormir, si l'on peut dire, dans le pays magique de leur naissance.

– Parle-nous encore.

– Ce n'est pas une nuit pour parler de lui, dit Kohinoor, se fâchant. Si vous voulez le savoir, tout est là, écrit par lui : *Expériences de vérité*. La vérité, c'est qu'il nous a roulés, ce fakir à demi nu. Mais nous avons eu le dernier mot. Car il y en avait d'autres, dans le pays, à qui nous avions donné notre parole, accordé notre confiance. Les minorités, les princes ! Ils avaient autant de droits sur ce que nous devions laisser derrière nous. Nous avons dû procéder à un rapetassage rapide. Nous savions évidemment que le sang de quelques millions de ces idiots serait versé. Nous aurions le dernier mot. Ils voulaient un pays libre ? Nous leur en avons donné deux ! »

À cet instant, les lumières s'éteignirent et les joyaux s'endormirent.

15 août 1947. Les enfants de l'Inde voudront savoir, cinquante ans après, ce qui nous est arrivé ce jour-là, pas comment ni pourquoi. Je ne savais plus s'il faisait jour ou nuit, j'avais les yeux injectés de sang. Au petit déjeuner, mon père me dit avec bonté : « Ce n'est pas d'être au matin qui t'apprend que tu es réveillé. C'est le fait d'être réveillé qui te dit que c'est un nouveau matin. »

Il y avait du travail. Un énorme rassemblement au bord de la mer à couvrir ; peut-être aurais-je à passer la journée à suivre les émeutes dans la ville. Jusqu'à ce matin-là, je n'avais guère prêté attention au mendiant posté sur le pont, au-dessus des voies ferrées, que j'empruntais pour prendre le train qui m'amenait à la gare de Victoria. Il restait assis, immobile, silencieux, avec, à côté de lui, un bol dans lequel un passant jetait de temps en temps une aumône. Ce matin-là, il était debout ! L'index levé, répétant : *Dharam karo*. Accomplis ton devoir. En accomplissant mon devoir, j'accomplirais mon destin. C'est l'image qui me revient en parlant aujourd'hui des années qui suivirent.

« Nous avons perdu la lumière de nos vies », dit Nehru en pleurs lorsqu'il apprit que Gandhi venait d'être assassiné, le 30 janvier 1948. Dix jours plus tôt, une bombe de fabrication artisanale avait perturbé une réunion de prières, alors qu'il venait de suspendre une grève de la faim pour supplier les Indiens de vivre ensemble comme des frères. Gandhi avait pris les choses avec calme. Le lendemain, il se contenta de réprimander avec douceur le jeune hindou arrêté. Nehru voulut imposer un service d'ordre draconien pour les prochaines réunions de prières. Gandhi refusa.

« S'il me faut mourir sous les balles d'un assassin, je dois le faire avec le sourire. Je dois être sans colère. Dieu doit être dans mon cœur comme sur mes lèvres. » Il avait accompli son devoir : embrassé son destin avec fermeté. Peut-être l'avait-il même voulu.

Ce que nous célébrons aujourd'hui est la manière dont ce testament fut légué à Nehru, puis transmis à la fille de celui-ci, Indira, à son petit-fils Rajiv, et même à des dirigeants plus récents, Lal Bahadur Shastri, Naransimha Rao, aux ministres provinciaux ainsi qu'aux milliers de héros anonymes, savants, chercheurs, techniciens, travailleurs ruraux qui se sont quotidiennement consacrés à ce qu'ils considéraient comme le destin de l'Inde.

La vision que Nehru nourrissait de l'Inde, riche de ce testament, était toute de force : les grandes choses à accomplir. Il fallait modeler une Constitution, jeter les fondations d'une république laïque et démocratique. Combien de Constitutions, de par le monde, ont un préambule dont le premier mot est « justice » ? Je ne connais que celle-ci. La carte devait être redessinée, les États princiers incorporés, et il fallait fixer une pension (privy purse) pour les maharadjahs afin qu'ils puissent vivre comme des citoyens ordinaires. Les aires linguistiques devaient servir de base à l'autonomie des provinces. L'hindi devenait langue nationale, mais l'anglais était conservé. On établit des garde-fous pour les « castes reconnues ». Le pays avait besoin d'un potentiel de défense de qualité, d'une bureaucratie honnête et efficace. Il fallait faire passer l'Inde de l'« ère du char à bœufs » à l'ère – au moins – de la bicyclette. Il a fallu cinquante ans pour parvenir à nombre de ces choses, considérées pourtant comme allant de soi par les conducteurs de tricycles à moteur (rickshaws), dans des villes où leurs pères devaient courir pour les tirer.

Par rapport à d'autres pays du tiers-monde décolonisés à la même époque, le développement de l'Inde comme nation et son statut planétaire actuel sont sans conteste le résultat de l'instinct surnaturel avec lequel Nehru, Indira Gandhi et, pendant une courte période, Rajiv Gandhi ont dirigé le pays au cours des cinq dernières décennies. Je crois que tous trois ont maintenu la stabilité du pays à l'aide d'un secret : la survie d'une tour de Babel de peuples aussi complexes et aussi divers doit être fondée sur la simplification. « Nous devons transformer notre faiblesse en force, me dit Indira Gandhi lors d'un entretien, en 1965, alors qu'elle était ministre de l'Information sous Shastri. Nous devons simplifier. »

Beaucoup de photos de ce livre nous donnent le sentiment de l'énergie et du dynamisme avec lesquels Nehru, le premier, a modelé la nation. Ainsi la scène de rue saisie par Raghu Rai, photographe de la génération de Nehru [page 48]. Elle résume le bond prodigieux accompli par l'Inde pendant les années Nehru. Regardez-la attentivement : y voit-on des chars à bœufs ? Une personne endormie ? N'y sent-on pas l'entrain d'une nation en pleine effervescence ? Des roues, des roues, roulant dans toutes les directions. Des hommes chargeant des tuyaux d'acier sur une brouette. Les nouveaux temples entrevus par Nehru sont là aussi : les aciéries, les centrales électriques, les barrages, immenses projets à contre-courant d'une image traditionnelle de l'Inde.

Le plan quinquennal n'atteignit pas tout à fait les objectifs de Nehru, mais celui-ci n'en poursuivit pas moins avec acharnement la réalisation de la modernisation. Il entrevoyait en même temps une Inde libre, jouant un rôle honorable dans le concert des nations de l'après-guerre, dans le monde polarisé entre la libre entreprise et le communisme.

Après être parti à l'étranger, en 1953, je pris conscience des énormes inquiétudes et du fabuleux respect qu'inspirait l'Inde de Nehru par sa façon de creuser son propre sillon en adoptant une politique de non-alignement, pendant les décennies de la guerre froide. Je rentrais en Inde tous les cinq ans, environ. On voyait Nehru se battre tous les jours contre les forces passéistes. Deux fois, au cours des années cinquante et soixante, j'eus un entretien en tête à tête avec lui. Les deux fois, il tempêta contre moi, lorsque je l'accusai d'avoir une « double pensée ». Il me tendit toutefois une oreille généreuse. Je vis son visage changer – non pas du fait de l'âge : il ne vieillit pas. J'étais revenu en tant que correspondant étranger de journaux britanniques, et je m'efforçais de donner une vision indienne de la période Nehru. Il me prodigua l'affection qu'il manifestait toujours aux jeunes qui se permettaient de lui tenir tête et que j'avais ressentie pour la première fois lorsque j'étais jeune volontaire au Congrès.

Il était devenu de plus en plus sombre après le grave incident de frontière avec la Chine, en 1962. Lorsque je demandai à Krishna Menon, son confident et son ministre des Affaires étrangères, sur quoi portait la dispute avec la Chine, il me répondit : « Là où s'arrêtent les baguettes et où commencent les doigts, là finit la Chine et commence l'Inde. » Simplification abusive ? Pas si l'on y réfléchit vraiment, pas lorsque l'on voit combien la main, sur toutes ces photos, est la mesure de toute chose en Inde.

J'étais à Delhi le jour de la mort de Nehru, en 1964. J'allai lui présenter un ultime hommage dans la résidence du Premier ministre où son corps était exposé avant les funérailles d'État, qui devaient avoir lieu le lendemain. À l'extérieur de la pièce, s'amoncelaient chaussures et pantoufles des visiteurs. Comme si toute une nation avait fait la promesse de le suivre, pieds nus, dans la même voie. Un tribut symbolique à un homme ayant forgé une nation sur l'enclume de son esprit ? Je l'ignore. Tout ce dont je me souviens, maintenant, c'est que, dans cet entretien privé de 1958, quand je remis en question sa politique au Cachemire et lui dis qu'elle était au centre de la querelle avec le Pakistan, épuisant la bonne volonté de l'un et de l'autre pays en tant que voisins, et leurs ressources en termes de défense, il passa un bras autour de mes épaules et ne protesta pas. Jusqu'à ce jour, je n'ai pas trahi sa

Raghu Rai, *Indira Gandhi avec des politiciens*, 1977

confiance, même si j'ai pu interpréter l'esprit de ce qu'il m'avait confié. Je crois avoir compris, alors, ce qui faisait courir Nehru : il n'y avait pas la moindre trace de haine dans ses calculs. Il était lui-même dépositaire de l'amour d'une nation, et la nation elle-même était enfant de l'amour de la nature. Viendrait un jour le temps de la confiance et du respect. Amour, confiance, respect, dans cet ordre, et non pas autorité, discipline et efficacité, allaient bâtir l'Inde.

Venu rejoindre le Premier ministre Lal Bahadur Shastri en 1965, après la mort de Nehru, j'allai à Bénarès où, jadis, il traversait tous les jours le fleuve à la nage, son sac sur le dos, pour aller à l'école. Shastri appartenait à la Servants of India Society, institution unique à laquelle les membres donnent tout ce qu'ils possèdent ou gagnent, la société se chargeant de leur fournir le nécessaire, à eux et à leur famille. Je partis en tournée électorale avec Shastri, à Allahbad et dans les villages environnants. J'écrivis des articles,

depuis l'Inde et le Pakistan, tout d'abord sur la tension montante entre les deux pays, puis sur la guerre de 1965. « Partition, partition, murmura Shastri, presque comme s'il se parlait, lorsque je lui demandai si l'Inde s'était réconciliée avec l'idée de créer un État musulman. La partition ? À combien d'autres faudra-t-il encore procéder ? »

Chaque fois que je retourne en Inde, je rends visite à mon village natal. Si je le peux, je vais aussi à Bombay. Et, chaque fois, je suis stupéfait par la réaction d'amis que je n'ai pas vus depuis des années : ils m'accueillent comme si je n'étais jamais parti, comme s'ils m'avaient parlé la veille. Bombay est chaque fois un peu plus méconnaissable. Les trams ont disparu depuis longtemps. Les avions sont rangés, à l'aéroport, comme des voitures dans un parking. En cinquante ans d'indépendance, une ville qui comptait il n'y a pas si longtemps moins de 1 million d'habitants est devenue une mégalopole de près de 10 millions, et les gens ne cessent d'y arriver. Ils vivent dans des gratte-ciel luxueux ou dorment dans les abris de fortune des bidonvilles.

C'est néanmoins le village qui demeure pour moi le meilleur indicateur de l'évolution des choses. La demeure ancestrale édifiée sur pilotis en solide bois de teck a été détruite ; une maison en brique et ciment s'élève à la place, et les nouveaux propriétaires sont de la classe des intouchables ! Sur la propriété, toujours close de son vieux mur, les carrés de légumes – aubergines, gombos, tapioca, yams, épinards – qui faisaient vivre cinq familles d'oncles et leurs six enfants sont envahis d'herbes. La bananeraie est à l'abandon. Quelques cocotiers se dressent encore à côté de la mare stagnante. Il n'y a plus trace de l'abri à bateau, au bout du bras mort de la rivière, ni des deux étables à vaches.

La nouvelle propriétaire m'a invité à visiter sa maison. Elle a l'eau courante, des toilettes, un mobilier moderne, des calendriers d'épicier ornés de déesses aux couleurs criardes. Et l'électricité ! Le vieux puits, à l'arrière de la maison, est toujours là.

Du haut des marches qui entourent ce puits, seule ma grand-mère était autorisée à puiser de l'eau. Elle y venait avant le lever du soleil, au moment où l'on allumait le feu pour le café. L'eau abondait dans le village, mais ma grand-mère exerçait un contrôle sourcilleux sur les quatre cruches qu'elle tirait du puits ; une allait à la cuisine, une autre aux ablutions de la maisonnée, la troisième servait à boire et à cuisiner, et la dernière était réservée, posée à l'autre bout de la cour, aux paysans qui attendaient, assis en rang, leur *kanjee* matinal (brouet de riz).

Du clan ne demeure qu'un seul cousin. Il vit dans une hutte, de l'autre côté du bras d'eau, près de la route. Un service de cars régulier relie le village à la ville et à son marché. Le bus s'arrête là. La femme de mon cousin tient une petite cantine pour les gens du coin et vend des noix de betel, des cigarettes, du chewing-gum, des cahiers d'écolier, un peu d'épicerie. La salle à manger est installée dans la « maison des invités » de la maison ancestrale, et il faut se courber pour passer dans la cuisine, où elle prépare ses plats sur un feu ouvert de coques de noix de coco et autres morceaux de bois. Elle et mon cousin s'inclinent et me touchent le pied lorsque j'arrive ou pars.

Il y a un réparateur de téléviseurs. Une banque. Un avocat. Un médecin et une infirmière. Un bureau des travailleurs. Une épicerie moderne avec des affiches de Coca-Cola. Et une boutique où l'on vend des jeans, des tee-shirts vantant New York, ainsi que des dhotis et des saris.

Rares sont ceux qui se promènent en pagne.

Je suis le chemin étroit qui va de la vieille maison à la rivière et au temple. Celui-ci est désert. Le vieux bedeau me dit qu'il va allumer les lampes, à l'extérieur, pour que je puisse avoir droit à la

Raghu Rai, *Girdhari Lal se faisant photographier*, Delhi, 1982

« bénédiction des lumières ». Ces lampes sont toujours de petites coupelles en argile, mais, au lieu de mèches à huile, elles contiennent de minuscules ampoules électriques. Bien que le temple soit ouvert à toutes les castes, depuis l'indépendance, personne ne vient y prier. Un homme passe devant ; il sent l'alcool. C'est un ancien policier, me dit le bedeau.

Le village est représenté au conseil municipal de la ville par un communiste, le fils de Keshavan, le compagnon de mon enfance. Le Kerala est le premier État de l'Inde (et du monde) dans lequel les communistes sont arrivés au pouvoir par les urnes, renonçant à la doctrine orthodoxe de la prise du pouvoir par la violence. Ses dirigeants proviennent d'une caste qui se considère comme étant au-dessus de celle des brahmanes, les *namboodiri*, chargée de l'entretien de tous les temples. Près de quatre-vingt-dix pour cent de la population du Kerala sait lire et écrire, taux le plus haut de l'Inde, alors que le taux de naissance est le plus bas. L'enseignement est gratuit jusqu'au lycée, et l'État dispense des soins médicaux gratuits. La caste des brahmanes a pratiquement disparu. Les chrétiens syriaques, les musulmans, les hindous et la majorité des anciennes castes inférieures consomment le même genre de nourriture épicée, à base de riz et de noix de coco, utilisant toujours des feuilles de bananier comme assiettes. De plus en plus de touristes à la recherche du soleil et de la mer viennent au Kerala plutôt qu'à Goa, et des vols directs arrivent du Sud-Est asiatique, d'Europe et du Moyen-Orient à Trivandrum, la capitale. Un nouveau bâtiment du Parlement local, en briques rouges, s'élève au centre de Trivandrum. Nulle part, je n'ai vu de mendiants.

Lorsque je suis passé au village, au printemps de 1996, j'ai rendu visite au vieux Premier ministre provincial, un communiste, E. M. S. Namdoodiripad – dit affectueusement EMS. Il loue une maison de deux pièces, au fond d'une petite allée, loin des quartiers animés.

Nous nous connaissons depuis 1957 ; je fus en effet le premier correspondant étranger à rendre compte de la remarquable victoire des communistes sur le parti du Congrès dans les élections du Kerala. EMS a commencé sa carrière politique comme partisan de Gandhi et a fait de la non-violence un principe fondamental du communisme au Kerala.

Il était dans un vieux rocking-chair tressé, équipé de bras et de repose-pieds, et portait une veste sans manches et un dhoti. Il était devenu dur d'oreille et je lui écrivais donc mes questions sur des feuilles de papier que sa petite-fille arrachait à un carnet. Je voulais savoir ce qui, pour lui, avait été le principal changement en Inde, au cours des cinquante ans d'indépendance, et s'il avait réussi à arracher les paysans du Kerala à leur pauvreté. Sa réponse résume fidèlement à la fois ce que nous célébrons aujourd'hui et ce qui pourrait se produire dans les cinquante ans à venir.

Lentement, parlant fort comme ceux qui entendent mal, il me dit : « Depuis l'indépendance, le Kerala s'est vu de plus en plus incorporé dans le système économique global de l'Inde. Et l'Inde elle-même s'est vue incorporée dans l'économie mondiale. On ne peut plus rien changer tout seul dans son coin, aujourd'hui. Je ne crois pas que nos paysans aient à se plaindre de nous. Je pense cependant que la paysannerie, comme mode de vie tel que nous l'avons connu, disparaîtra dans les cinquante prochaines années. »

La nuit dernière, Gandhi m'a visité en rêve, comme il le fait souvent. Il apparaît sous la forme inoubliable qui inaugure cette célébration panoramique de cinquante ans de la vie de l'Inde.

Dans mon rêve, je n'étais pas seul. Tout d'abord, je ne compris pas ce qu'il essayait de dire, avec sa main tendue, dominant la foule dont je faisais partie. Nous bénissait-il ? Nous chassait-il ? Nous faisait-il signe de venir se fondre en lui ? Puis nous l'entendîmes.

« Si je vous appelle aujourd'hui, me suivrez-vous ?
En silence, la foule demanda :
– Que nous proposes-tu ?
– La résistance. »
Bapu dit cela avec douceur. Et disparut.
Un chant védique monta de la foule.
Om, poornamadah, poornamidam
(Om, ceci est le tout, cela est le tout)
Poornath pornamudachyate
(De l'intégrité émane le tout)
Poornasyah poornamaadaya
(Prends au tout ce qui fait son intégrité)
Poornameva ashishyateh
(Et le tout demeure l'intégrité)
Lors des mariages, des anniversaires de décès, ou d'autres cérémonies religieuses, cette hymne védique rétablit et situe toute existence humaine et les événements qui en soulignent le mystère à l'intérieur d'un ordre cosmique illimité.

Son écho retentit à présent au creux de mon oreille.

Quel beau pays que mon pays ! Nulle part
ailleurs la nature ne s'est montrée avec un tel
orgueilleux abandon, nulle part ailleurs la
terre ne porte, avec autant de splendeur, les
traces d'un amour passionné. Tour à tour
caressée, répudiée et aimée, telle est ma
patrie : luxuriante ici, d'une désolante aridité
là, et d'une majesté surhumaine.
Innombrables sont les nuances de mon pays,
innombrables les nuances de ses peuples. Les
peaux y sont d'un blanc crémeux, d'un blond
de miel, d'un noir d'ébène, d'un brun doré,
et leurs multiples humeurs font vibrer la terre
de leurs échos. Échos de gaieté, de chagrin,
de colère, de retenue. Le vert opulent des
plantes grimpantes au milieu du brun
sombre, tours blanches terrifiantes
surplombant le torrent des eaux bleues.
Quel beau pays que mon pays !

SALONI NARANG, 1984

THOMAS L. KELLY
Porte de l'Inde. New Delhi, février 1995

Thomas L. Kelly, *Bateaux sur le Gange*,
Varanasi, avril 1994

Thomas L. Kelly, *La vie de tous les jours
sur Falkland Road*, Kamathipura,
Bombay, mai 1995

L'histoire de l'Inde est celle d'un combat entre l'esprit mécanique de la mise au pas et de la conformité à l'organisation sociale, et l'esprit créatif de l'homme, qui cherche la liberté et l'amour dans l'expression de soi. Nous devons veiller à ce que celui-ci reste toujours vivant en Inde, et à ce que celui-là puisse offrir service et hospitalité aux hommes.

RABINDRANATH TAGORE, 1961

Steve McCurry, *Locomotive passant près du Taj Majal*, 1983

STEVE McCURRY

Steve McCurry, *Femmes dans une tempête de poussière au Rajasthan*, 1983

Steve McCurry, *Inspection de la voie de chemin de fer près du Taj Mahal*, 1983

Ci-dessus : *Prashant Panjiar, le prince Anjum Quder, descendant de Wajid Ali Shah et dernier nabab d'Oudh, 1992*

Âgé de soixante-dix ans, le prince Anjum Quder habite le premier étage au-dessus du mausolée de Wajid Ali à Metia Bruz, Calcutta. Le mausolée abrite également les bureaux d'une fondation, la King of Oudh's Trust, dont le prince Anjum est le président. Il porte de nombreux autres titres, y compris celui de président de l'All India Shia Conference, et est membre de divers organismes. Les Britanniques annexèrent Oudh et envoyèrent Wajid Ali Shah en exil à Calcutta. Ils l'installèrent à Metia Bruz, lui donnèrent des palais, lui permirent de garder ses concubines et lui allouèrent un budget. Telle était la pratique habituelle des Anglais vis-à-vis des dynasties puissantes : l'exil, l'isolement, la corruption et donc la neutralisation.

Ci-dessus : *Narendra Singh Rathore de Bikaner, Rajasthan, 1990*

Écrasé par la stature de ses ancêtres, Narendra Singh Rathore vit dans une grande maison rouge (il est obsédé par cette couleur) entouré de deux grands chiens danois et d'une ménagerie de vaches et de taureaux de concours, de chevaux, de poules, de canards et de pigeons. Exilé du palais à l'âge de vingt et un ans, il en tient sa mère pour responsable. Jusqu'à l'an dernier, il vivait de la pension de 50 000 roupies par mois que lui allouait sa mère après la mort de son père, Karni Singh, en 1988. Resté très proche de son père, comme de sa grand-mère, il nourrit une haine pathologique pour sa mère et a même essayé de s'en débarrasser en ayant recours au vaudou. Sa femme et ses trois filles vivent au palais Lalghar – à un jet de pierre de sa maison –, mais il ne les a pas vues depuis des années.

Le testament de son père ayant été reconnu l'an dernier, il a finalement hérité une aile du palais qu'il envisageait de louer à une chaîne hôtelière, avant tout pour contrarier sa mère, laquelle détient la gestion du reste du palais.

À gauche : *Fatheyab Ali Meerza, nabab du Bengale, 1992*

Le nabab Ali Meerza, quatre-vingt-douze ans et son frère Sajjid Ali, quarante-sept ans, vivent dans leur palais en ruine de Park Street, à Calcutta. Leur père, Wasif Ali Meerza, était le descendant direct de Siraj-ud-Daulah, le premier nabab indien à avoir été écrasé par les Britanniques quand ils se sont emparés du pays. En 1969, le gouvernement mit un terme à la rente de 19 000 roupies par mois allouée par les Britanniques, au moment d'établir la succession. Ali Meerza porta l'affaire devant la Cour suprême. En attendant, il lui fallut louer une vingtaine de ses vingt-cinq chambres, si bien que sa demeure prit vite l'allure d'un bidonville. Sajjid, plus réaliste, s'occupe d'immobilier. Le gouvernement a tenté de les exproprier d'une partie du palais, mais les deux frères ont réussi à obtenir un ordre suspensif de la cour.

En haut à gauche : *Arvind Singh, le maharadjah de Mewar,* Udaipur, Rajahstan, 1994

Arvind Singh est l'un des tout premiers maharadjahs à s'en être sorti grâce au tourisme. Presque tous ses palais sont transformés en hôtels et il a très bien su commercialiser son image princière.

Il organise certaines fêtes, telles Holi ou Guangar, comme autant d'entreprises commerciales, y apparaissant dans son appareil royal et faisant payer aux touristes le droit de se faire photographier pendant les prières traditionnelles ou la procession qui traverse la ville.

Ci-dessous : *Le nabab Sajid Ali Khan de Malerkotla,* Pendjab, 1994

L'actuelle bégum de Malerkotla, Sajida, est une politicienne ayant longtemps appartenu au parti du Congrès. Veuve sans enfants, elle a adopté récemment l'un de ses neveux, Ajid Ali Khan, pour assurer sa lignée.

Comme pour la plupart des familles princières, ses propriétés font l'objet de disputes, et le palais dans lequel elle vit est presque en ruine.

Au-dessus, à droite : *Le nabab de Tonk, Masoom Ali,* Rajasthan, 1990

Nommé nabab de Tonk en 1974, Masoom Ali n'a jamais mis les pieds dans son palais, qui, avec l'ensemble de ses propriétés, est aux mains de son neveu, Aziz Ali. En fait, il n'aurait jamais dû se retrouver nabab. Son frère aîné, Sadaat Ali, était monté sur le trône au décès de leur père, Ibrahim Ali Khan, en 1930. Sadaat Ali étant mort sans descendants, d'après la loi musulmane de primogéniture, le frère suivant devenait nabab ; mais, comme tous les frères aînés de Masoom Ali moururent sans enfants, c'est finalement à lui qu'échut le titre, longtemps après la suppression de la rente royale.

Entre-temps, la dernière bégum avait adopté un neveu (fils de sa sœur) ; or, avec l'abolition de la rente, la loi de primogéniture disparaissait. C'est ainsi que Masoom Ali n'eut jamais la moindre propriété allant avec le titre.

Le patrimoine familial s'amenuisa fortement avec les années, et Masoom Ali, vivant sur quelques arpents de terre, se retrouva dans une situation précaire. L'ironie du sort a voulu que ce soit seulement depuis que ses enfants, devenus fonctionnaires, travaillent pour le gouvernement que la situation économique de la famille s'est améliorée.

Masoom Ali connaît un moment de gloire tous les ans, le jour de juillet où il procède au sacrifice du chameau et devient alors « nabab », et où quelques personnes viennent rendre hommage à leur ancien maître.

Robert Nickelsberg, *Brahmane portant le « fil sacré » sur l'épaule se baignant dans une rivière*, Bihar, 1991

Robert Nickelsberg, *Saint homme pratiquant la thérapie par la danse, ashram Osho*, Pune, 1995

L'Inde est une nation d'extrêmes
dont les manifestations politiques
et ethniques, souvent violentes,
déclenchées par un rien, toujours
près d'exploser, contrastent avec les
humeurs plus sombres, songeuses et
contemplatives du pays. La gamme
de couleurs extravagantes, dans la
lumière limpide d'un village ou
d'une ville, s'oppose aux paysages
délavés et à la pâleur, à la poussière,
à l'impermanence des
agglomérations en pleine
expansion. Ces foules indiennes
disparates n'avancent qu'un pied
prudent vers le monde moderne,
gardant l'autre solidement ancré
dans toutes sortes de passés.

ROBERT NICKELSBERG

Robert Nickelsberg, *Rassemblement de partisans de l'Hindu Nationalist Bharatiya Janata lors d'une convention, sous une tente aux couleurs du parti*, Jaipur, Rajasthan, 1991

Robert Nickelsberg, *Jeunes affrontant la police anti-émeutes durant une vague de violence due à une proposition de loi qui aurait réservé un quota de 27 % des emplois de fonctionnaires à des représentants des basses castes*, New Delhi, 1990

Robert Nickelsberg, *L. K. Advani, leader du parti nationaliste hindou Bharatiya Janata, en campagne électorale*, Bihar, 1991

Sanjeev Saith, *Pa*, New Delhi, 1993

Sanjeev Saith, *Entre les maisons*, Ranikhet, 1992

Sanjeev Saith, *Ma*, New Delhi, 1992

Sanjeev Saith, *Deux restaurants*, Manali, 1992

UN POÈME DU CRÉPUSCULE

Crépuscule indien : l'œil frais mi-clos,
L'âme troublée s'émeut et cherche.

Une croyance nécessaire,
Dans l'engorgement morne des ruines.

Le visage d'un vieillard
Apparaît sur l'horizon obscurci,
Le gémissement du vent
Nous emplit d'un exil dense.

De la nuit, de la graine, on n'ignore rien,
On sait à quoi ressemble le visage
D'un grand-père défunt.

Au cœur de l'ombre,
Le buffle d'eau barbote dans la boue du marais ;
Un enfant nu lance son cri :
Sa voix trébuchant sur son propre corps
Assoupi par les appels des inquiétants corbeaux
Qui n'ont cessé de la journée.

JAYANTA MAHAPATRA, 1976

Mitch Epstein, *La foire aux chameaux de Pushkar*, Rajasthan, 1978

Mitch Epstein, *Tempête de sable*, Rajpath, New Delhi, 1978

Mitch Epstein, *Qutab Minar*, New Delhi, 1981

Mitch Epstein, *Jaipur*, Rajasthan, 1985

Mitch Epstein, *Fête de Ganpati*, Bombay, 1981

HARRY GRUYAERT

Jaipur, Rajasthan, 1976

Harry Gruyaert, *Brume matinale à Pushkar*, 1976

Brûle-toi de cette rue d'été,
Puis attends la mousson.
Aiguilles de pluie.

AGHA SHAHID ALI, 1987

Harry Gruyaert,
Gymnaste à Bénarès,
1976

Harry Gruyaert, *Rassemblement annuel du parti communiste*, Trivandrum, Kerala, 1989

Alex Webb, *Affiches de lutteurs*, Bombay, 1981

Alex Webb, *Dormeur des rues au pied d'une affiche de cinéma*, Bombay, 1981

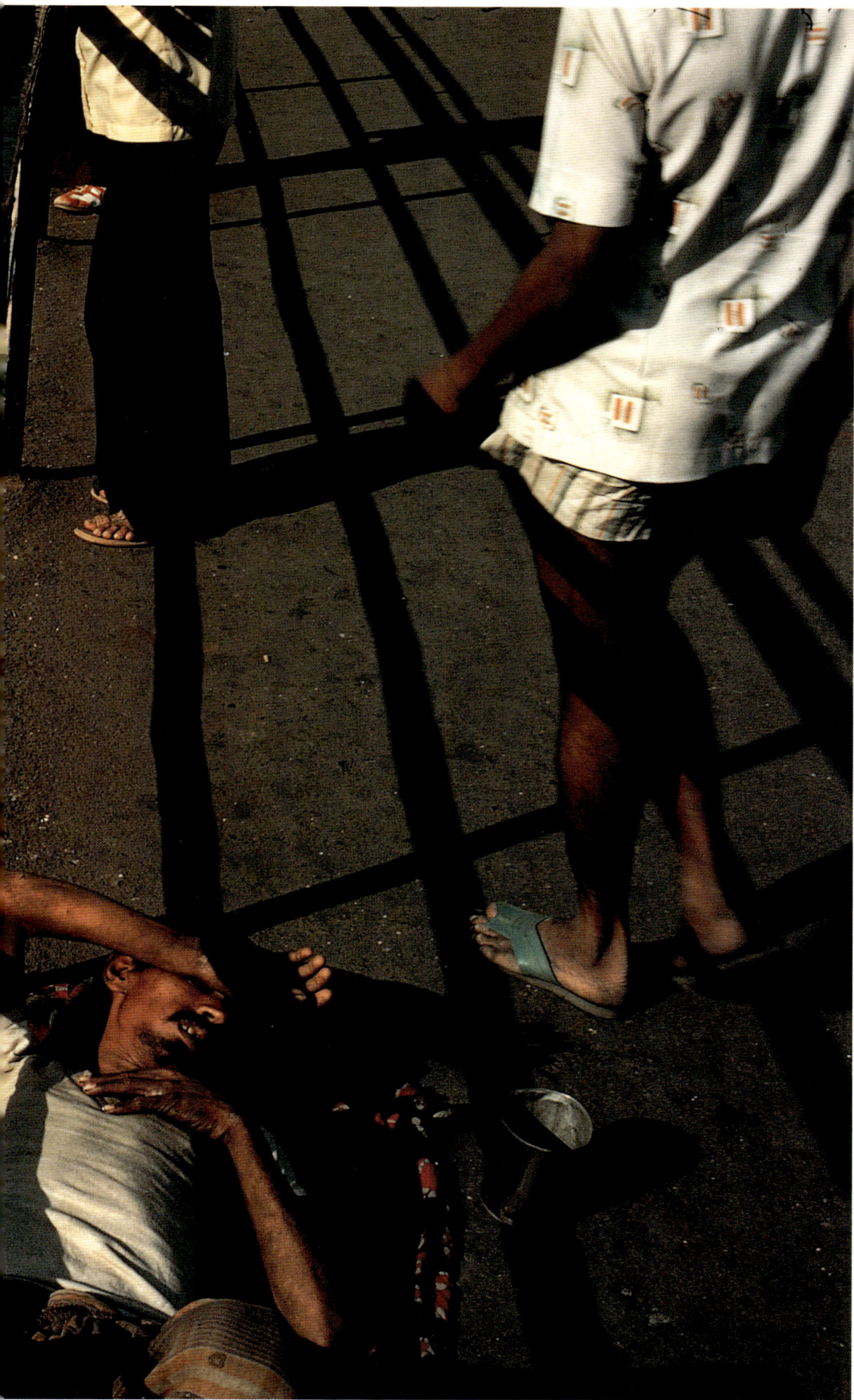

Les vieux sages de l'Inde disent
Qu'il y a certaines règles.
Par exemple, si tu aimes
Trop ton chien,
Dans ta vie suivante, tu seras un chien,
Mais plein de souvenirs humains.
Et si la fille préférée du roi
Aime un jardinier du palais d'une caste
inférieure
Qui s'est noyé en traversant la rivière
Dans un petit bateau pendant la grande
inondation,
Ils renaîtront et auront une deuxième
chance.
Les vieux sages de l'Inde disent
Que l'on rêve souvent
De la vie que l'on menait auparavant.

SUJATA BHATT, 1983

Mary Ellen Mark, *Charmeur de serpents avec son fils*, non loin de New Delhi, 1981

Mary Ellen Mark,
Montreur d'ours,
Delhi, 1981

Mary Ellen Mark,
Saltimbanques,
Bombay, 1981

Mary Ellen Mark, *Dresseur de singe*, Delhi, 1981

Mary Ellen Mark,
Saltimbanques,
Bombay, 1981

Quand tu apprends à nager
N'entre pas dans la rivière qui n'aurait
d'océan dans lequel se jeter,
Celle qui ignore ses destinations
Et ne connaît comme destin que de couler,
Comme les rivières de sang recrues
Charriant l'écume de souvenirs anciens,
Mais va nager dans l'océan,
Va nager dans le grand océan bleu.

KAMALA DAS, 1974

Mary Ellen Mark, *Dans le Gange*, 1989

Mary Ellen Mark, *Le maharadjah de Béncrès*, 1981

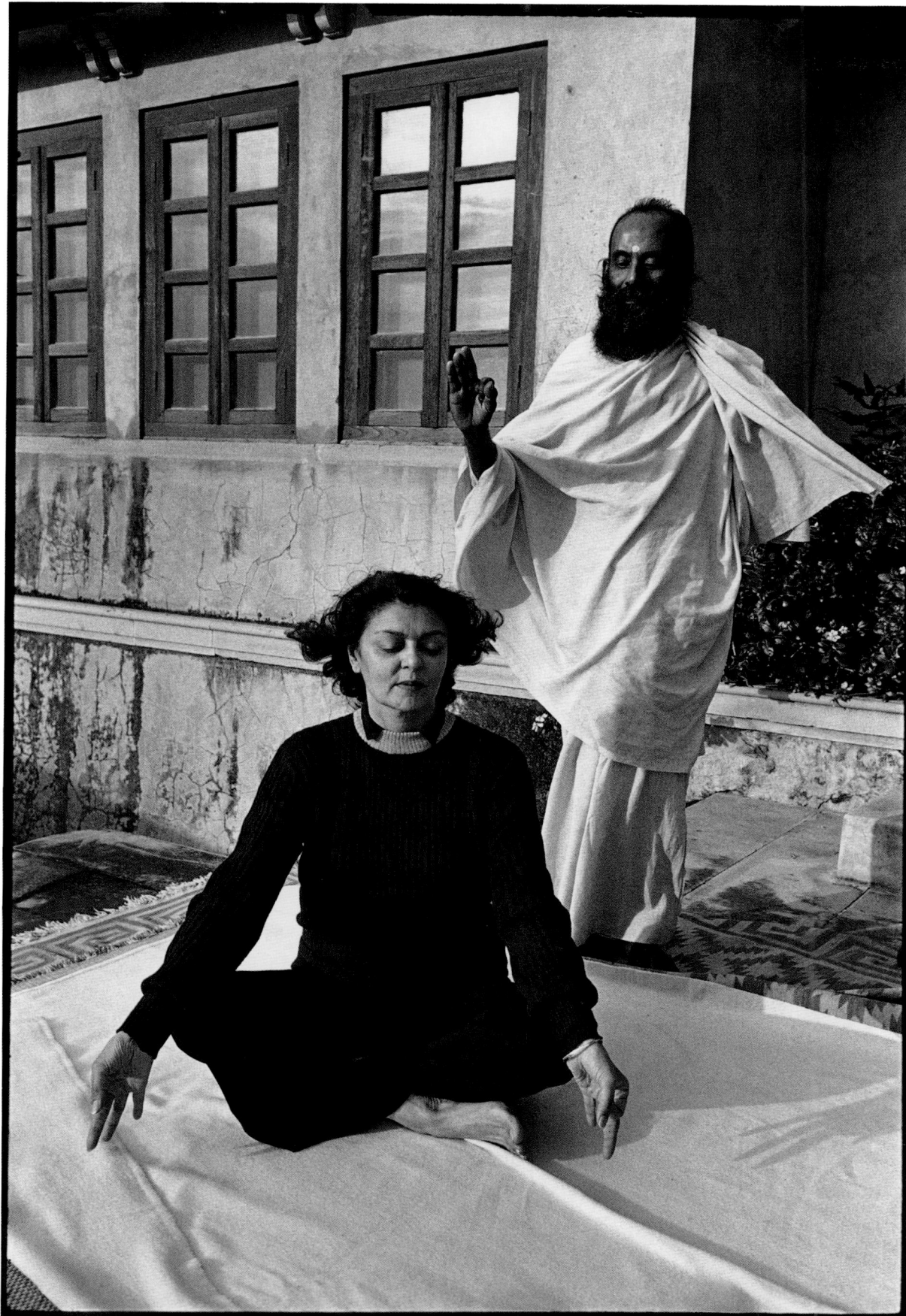

Mary Ellen Mark,
La maharani de Jaipur, 1975

Mary Ellen Mark, *Le crématoire de Manikarnika*, Bénarès, 1995

Mary Ellen Mark, *Lutteurs*, Bénarès, 1989

… Nous pouvons être fiers de ce qu'au cours d'une longue série de siècles marqués de vicissitudes de proportions inouïes, encombrés de choses incongrues et de faits dépourvus de sens, l'Inde a conservé toujours vivant le principe intérieur de sa propre civilisation contre la fureur cyclonique des contradictions et la pesanteur gravitationnelle de la poussière.

RABINDRANATH TAGORE, 1912

Raghu Rai, *Prière du soir, Jama Masjid*, Delhi, 1982

Raghu Rai, *Les encombrements de Chauri*, Delhi, 1965

Raghu Rai, *Indira Gandhi reçoit des guirlandes*, 1980

Raghu Rai, *Durga Puja*, Calcutta, 1990

Raghu Rai, *Manœuvre d'un bateau dans le quartier des docks*, Calcutta, 1989

Raghu Rai, *Jour de pluie à Delhi*, 1982

Raghu Rai,
Joueur de flûte,
Delhi, 1975

Raghu Rai, *Paysage urbain*, Delhi, 1989

Raghu Rai, *Imambara*, Lucknow, 1991

Pages 114-115 : Raghu Rai, *Lutteurs près de Howrah*, Calcutta, 1990

Pour moi, l'appareil photo est un instrument d'apprentissage. Quand on regarde par l'objectif, on obtient une sorte de concentration et, dans ces instants de concentration, on est à même de pénétrer, de découvrir, de sentir et de comprendre. Le but d'un artiste, en fin de compte, est de se libérer et de maîtriser totalement son propre espace, loin de toute concupiscence et de tout désir – libéré de toutes ces émotions, excitations et pulsions esthétiques auxquelles nous réagissons si fortement. Finalement, il faut apprendre à tout inhaler, à tout comprendre jusqu'au point où votre moi conscient, votre esprit n'en est plus perturbé. Cela doit aussi se refléter dans votre travail.

À chaque fois que l'on avance d'un pas, cependant, on découvre un nouveau genre d'espace. Non pas que l'on atteigne le nirvana – cela, on ne l'atteint pas. On s'en rapproche. Il y a des strates et des strates de choses qui se superposent dans l'esprit humain. Les possibilités sont infinies et totales.

Même après tant d'années passées à photographier, j'ai le sentiment de tout juste commencer à comprendre ce qu'est notre pays. Tellement de choses y ont fusionné, au cours des siècles, que l'Inde n'est pas réellement un seul pays, ni une seule culture. Mais elle dispose de son propre pas, qui maintient la cohésion des choses. Tout ce que nous avons en Inde y vit encore – tous les siècles en même temps. Et c'est l'éternité de cet état de chose, finalement, qui compte.

RAGHU RAI

Raghu Rai, *Leçon de danse*, Calcutta, 1990

Pages 118-119 : Raghu Rai, *Portraits de musiciens au Gosh's*, Calcutta, 1989

Raghu Rai, *Les environs de Delhi*, 1965

Raghu Rai, *La femme à
l'oiseau, berges du Gange*,
Bénarès, 1972

Il dit :
« En un seul jour,
Je suis obligé d'écouter
Une douzaine de musiques de film,
De voir
Des dizaines de mendiants,
De toucher
D'innombrables étrangers,
De sentir
Des odeurs épouvantables,
De goûter
L'amertume de ma ville natale. »

Il dit :
« Les cinq sens me contraignent
À redouter les cinq sens. »

Sa voix résonnait
Dans les ténèbres sans parole.

NISSIM EZEKIEL, 1976

Raghu Rai, *Barbier sur les berges du Gange*, Bénarès, 1992

Raghu Rai, *Jeunes danseuses à la fête de Dushera*, Delhi, 1990

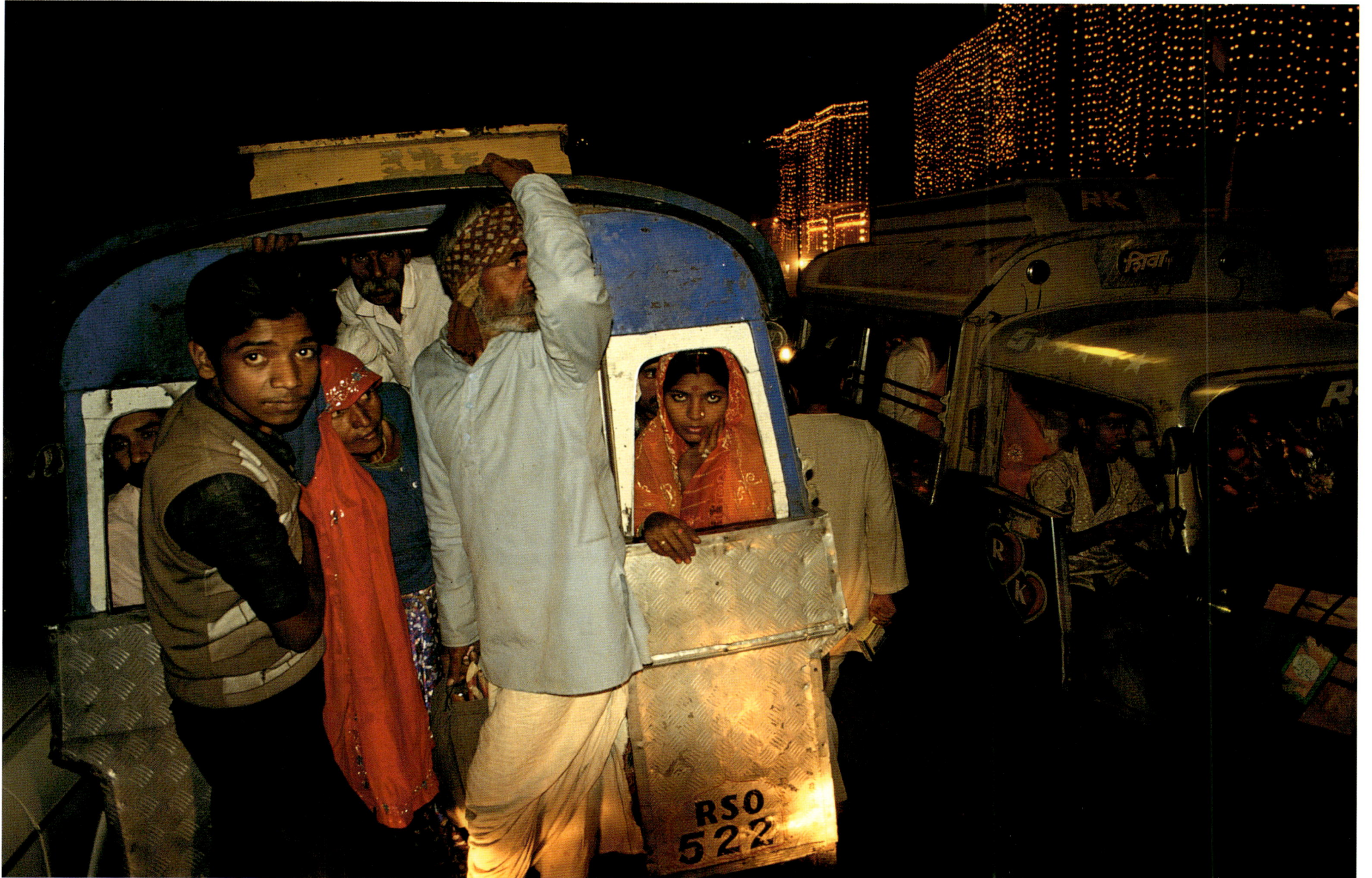

Raghu Rai, *Retour de la foire de Pushkar*, Rajasthan, 1993

Raghu Rai, *La fête des couleurs (Holi)*, Delhi, 1990

Raghu Rai, *Cortège du parti du Congrès pour l'anniversaire de Gandhi*, 1992

Raghu Rai, *Couple sikh
dans un tempe sikh,*
Delhi, 1988

Raghu Rai, *Entraînement au combat à l'épée, école de garçons sikhs*, Mussoorie, 1982

Raghu Rai, *Installation de la statue du dieu jaïn Mahavir dans le complexe de Qutab*, Delhi, 1990

Raghu Rai, *Moines bouddhistes tibétains en prière*, Kala Chakra, Ladakh, 1975

Raghu Rai, *Le maharadjah
de Bénarès le jour de son anniversaire*,
1986

Raghu Rai, *Des sadhus de la secte du swami Narayan recouvrant leur gourou*, Ahmedabad, 1993

Raghu Rai, *Traitement de beauté donné à une fiancée par ses proches,
la veille de son mariage*, Pendjab, 1993

Raghu Rai, *Famille, Chunna Mal Haveli*, Delhi, 1990

Pages 136-137 : Raghu Rai, *Boutique de pneus d'occasion,
près de la Jama Masjid*, Delhi, 1988

VERS ADRESSÉS À UNE DEVADASI

Vient finalement le moment
Où tous les visages se ressemblent
Où toutes les voix ont le même timbre
Et où les arbres, les lacs et les montagnes
Paraissent porter la même signature.
C'est alors que tu passes à côté de tes amis
Sans les reconnaître,
Que tu entends les questions
Mais non le sens des mots,
C'est alors que cessent tes désirs
Et qu'un mal du pays te saisit.
Tu t'assois sur les marches du temple
Silencieuse Devadasi affamée d'amour
Et consciente de ton destin…

KAMALA DAS, 1974

Pages 138-139 : Raghu Rai,
Homme d'affaires de Delhi
nourrissant des mouettes,
Delhi, 1992

À droite : Raghu Rai, *Bûcher*
funéraire sur les rives du Gange,
Bénarès, 1992

Séance du Parlement des enfants, à Chota, Naraina, Tilonia, Rajasthan 1996

Séance du Parlement des enfants, à Chota, Naraina Fort, Tilonia,
Rajasthan, 1996

LE PARLEMENT DES ENFANTS DU RAJASTHAN

De jour, ils s'occupent de leur troupeau. Le soir, ces mêmes enfants vont à l'école et se
transforment en membres du Parlement et ministres, chargés de contribuer à la gestion de leur
société.

Ce Parlement des enfants de Tilonia, dans le désert du Rajasthan, est le premier dans son
genre au monde. Le Premier ministre et les députés de cette extraordinaire institution sont
tous des bergers et des paysans, âgés de onze à quatorze ans, qui travaillent toute la journée
dans les champs familiaux. Leur seule possibilité de s'instruire est l'école du soir ; il existe un
réseau de soixante écoles de village, sous la direction d'un volontaire local, dans le cadre du
Social Work and Research Center (SWRC), soutenu par l'organisation anglaise Save the
Children, qui en finance dix-sept. Ici, dans ce que l'on appelle un « collège aux pieds nus »,

Enfants à l'école du soir de Sargaon, Tilonia, Rajasthan 1996

les jeunes bergers apprennent à lire et à écrire, et sont initiés à des disciplines dont certaines (les techniques d'élevage, par exemple) sont pour eux d'application immédiate.

C'est par le biais des écoles du soir qu'est né le Parlement des enfants. Le SWRC estimait, en effet, que la meilleure façon d'enseigner la démocratie et le processus électoral aux enfants était de leur en faire faire l'expérience. Les enfants apprennent que la démocratie doit se situer au-dessus des sexes, des castes et des croyances. Leçon importante, dans la société indienne.

Le Premier ministre est une bergère de treize ans, Laxmi Devi. Elle a neuf ministres, les portefeuilles allant de l'Éducation et des Finances aux Ressources en eau et à la Promotion de la femme. Le ministère de l'Éducation est particulièrement important, car il contribue à gérer l'école du soir ; il fait procéder à des inspections régulières et a le pouvoir de licencier un maître incompétent. Il existe également une opposition et un cabinet fantôme. Les fonctionnaires de ce Parlement sont tous des adultes et comprennent l'équipe du SWRC, comme Ram Lal, ancien élève des cours du soir devenu enseignant et conseiller du Premier ministre. Ces fonctionnaires ont la responsabilité de fournir informations, faits et chiffres à leurs ministres.

Depuis 1972, le SWRC travaille avec les communautés rurales du Rajasthan afin de promouvoir l'éducation par l'expérience et de mobiliser les jeunes Indiens pour qu'ils changent leur vie. « Le Parlement des enfants montre aux adultes ce que des enfants sont capables de faire », explique Teja Ram, coordinateur de l'organisation.

Séance du Parlement des enfants à Tilonia, Rajasthan, 1996

Mordikurg Mela, la fête annuelle des enfants dure trois jours, Tilonia, Rajasthan, 1996

Mordikurg Mela, la fête des enfants, Tilonia, Rajasthan, 1996

143

Les photos des pages 144 à 147 sont toutes de William Gedney et ne portent pas de titres.
Elles ont été prises à Bénarès entre 1969 et 1971

Les photos qui suivent racontent l'histoire de deux familles indiennes très différentes. Baba Balkar Singh, ancien terroriste, a fondé une « famille » et créé un foyer pour les parents des terroristes nationalistes du Pendjab ayant disparu ou été tués. Prem Kuwar et Kamal Singh, âgés de sept ans, vivent dans un univers où la tradition des mariages d'enfants, bien qu'interdite par la loi indienne, se perpétue encore.

L'histoire de Baba

Depuis plus de dix ans, les séparatistes sikhs du Pendjab exigeaient l'autonomie de leur territoire en ayant eu recours au terrorisme. Le sang a beaucoup coulé ; des milliers de familles ont été touchées, des dizaines de vies ruinées, des deux côtés. Beaucoup de terroristes ont été torturés ou tués par la police. S'ils n'étaient pas pris, leurs femmes et leurs proches étaient torturés pour dire où ils se cachaient. Poussés par un désir de vengeance, les enfants de ces terroristes ont souvent rejoint le mouvement séparatiste.

Amarij Singh, seize ans, dont le père a été tué par la police, déclare : « Parfois, j'ai envie de tuer les policiers qui ont fait cela à mon père et à nous. » Beaucoup d'enfants ayant connu la même expérience traumatisante ont été ainsi conduits à prendre les armes. « Baba » Balkar Singh recherche les enfants comme Amarij pour leur donner un toit et les aider à restructurer leur vie. Son histoire est peu courante : il a appartenu au groupe terroriste Babbar Khalso, puis a renoncé au terrorisme pour fonder un foyer destiné aux veuves et aux orphelins de terroristes dans la petite ville d'Anandpur Sahib. Les enfants y sont nourris et éduqués. Les familles et les femmes torturées y trouvent un abri.

Cette vie en commun, après avoir partagé les mêmes drames, redonne à tous du courage et fait renaître en eux l'espoir. Dans un tel monde, leurs plaies peuvent cicatriser, même si c'est lentement. « Grâce à Baba, dit Labkhaur, mère d'un terroriste en fuite, on a de quoi boire et manger et on mène une vie paisible, au lieu d'être tout le temps obligé de fuir. »

L'histoire de Prem et Kamal

Les Gujjars au Madhya Pradesh, ainsi que quelques autres communautés rurales de l'Inde, perpétuent la tradition des mariages arrangés entre jeunes enfants, en dépit de son interdiction par la loi. C'est le cas pour Kamal Singh et Prem Kuwar, tous deux âgés de sept ans.

Les cérémonies du mariage, au Madhya Pradesh, se déroulent sur une période de neuf jours. Il est évidemment impossible de savoir ce qui passe par la tête du jeune Kamal et de sa fiancée Prem, tandis qu'on les prépare ; mais le visage de la petite fille est un monde de questions qu'elle n'aura jamais l'occasion de poser ; celui de Kamal semble partagé entre des sentiments enfantins de curiosité et d'ennui. Au cours des neuf journées de cérémonie, tour à tour enfants et adultes, ces deux gamins n'ont pas donné l'impression de soupçonner que quelque chose de central pour leur destin allait être scellé.

SWAPAN PAREKH

Swapan Parekh, « *Baba* » *Balkar Singh, militant devenu réformiste, priant à son domicile pour les familles de terroristes*, Anandpur Sahib, Pendjab, 1995

Swapan Parekh, *Baba Balkar Singh en compagnie de la famille de Kundan Singh, terroriste tué au cours de l'opération Bluestar en 1984, lorsque l'armée a donné l'assaut au temple le plus sacré des Sikhs, à Amritsar, pour en chasser les terroristes,* 1995

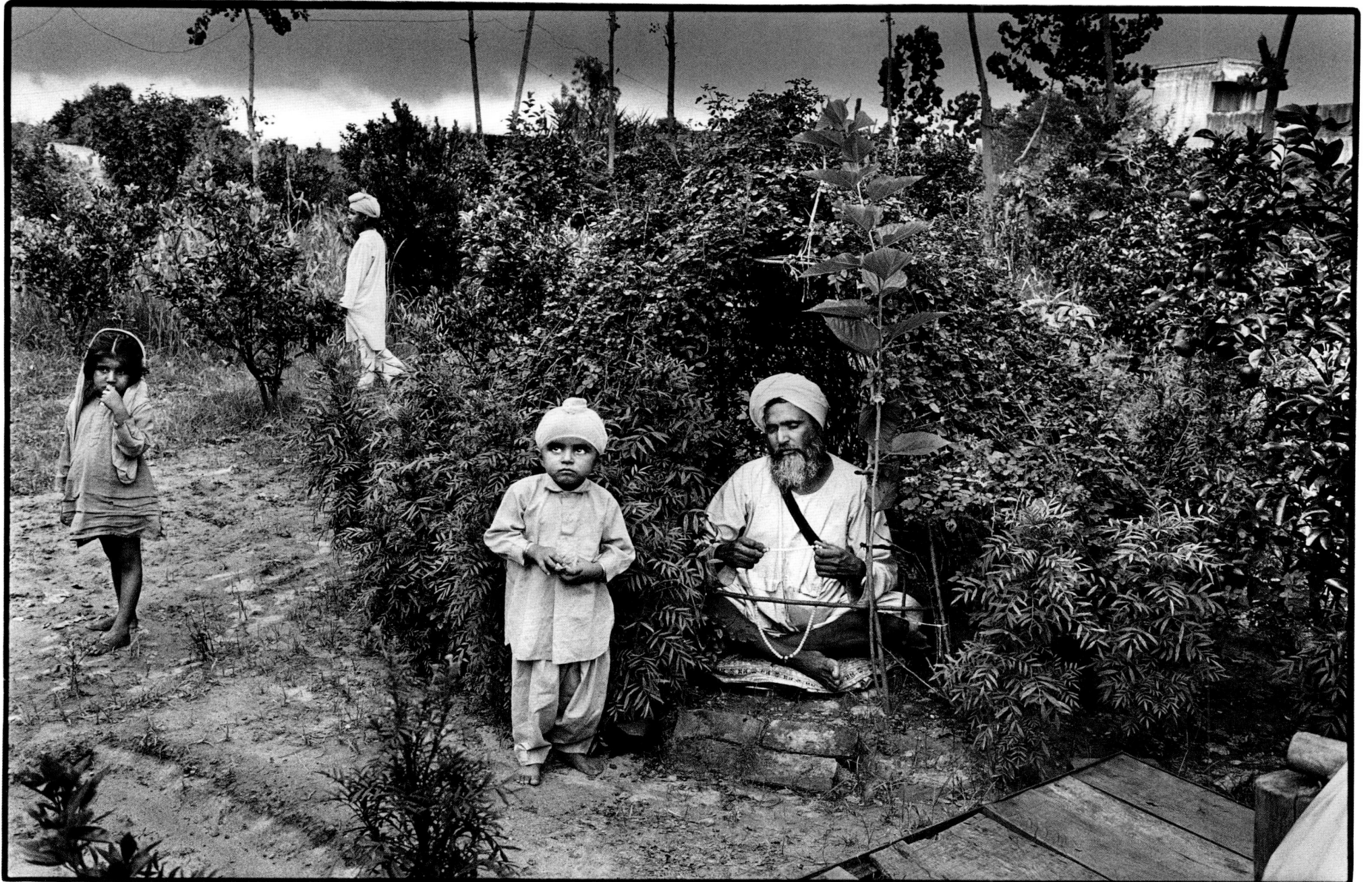

Swapan Parekh, *Baba dans la hutte de méditation qu'il a fait construire dans son jardin*, 1995

Swapan Parekh, *La famille de Zarnail Singh Satrana, l'un des plus notoires terroristes du Pendjab, toujours en fuite au bout de plus de quatre ans, malgré la prime de 75 000 dollars promise pour sa tête. Sa famille a été affreusement torturée et ses enfants incarcérés pendant six mois. Baba Balkar Singh a joué un rôle clé dans leur libération*, 1995

Swapan Parekh, *Baba se joint aux enfants pendant les kirtans du soir*
(récitation des hymnes), 1995

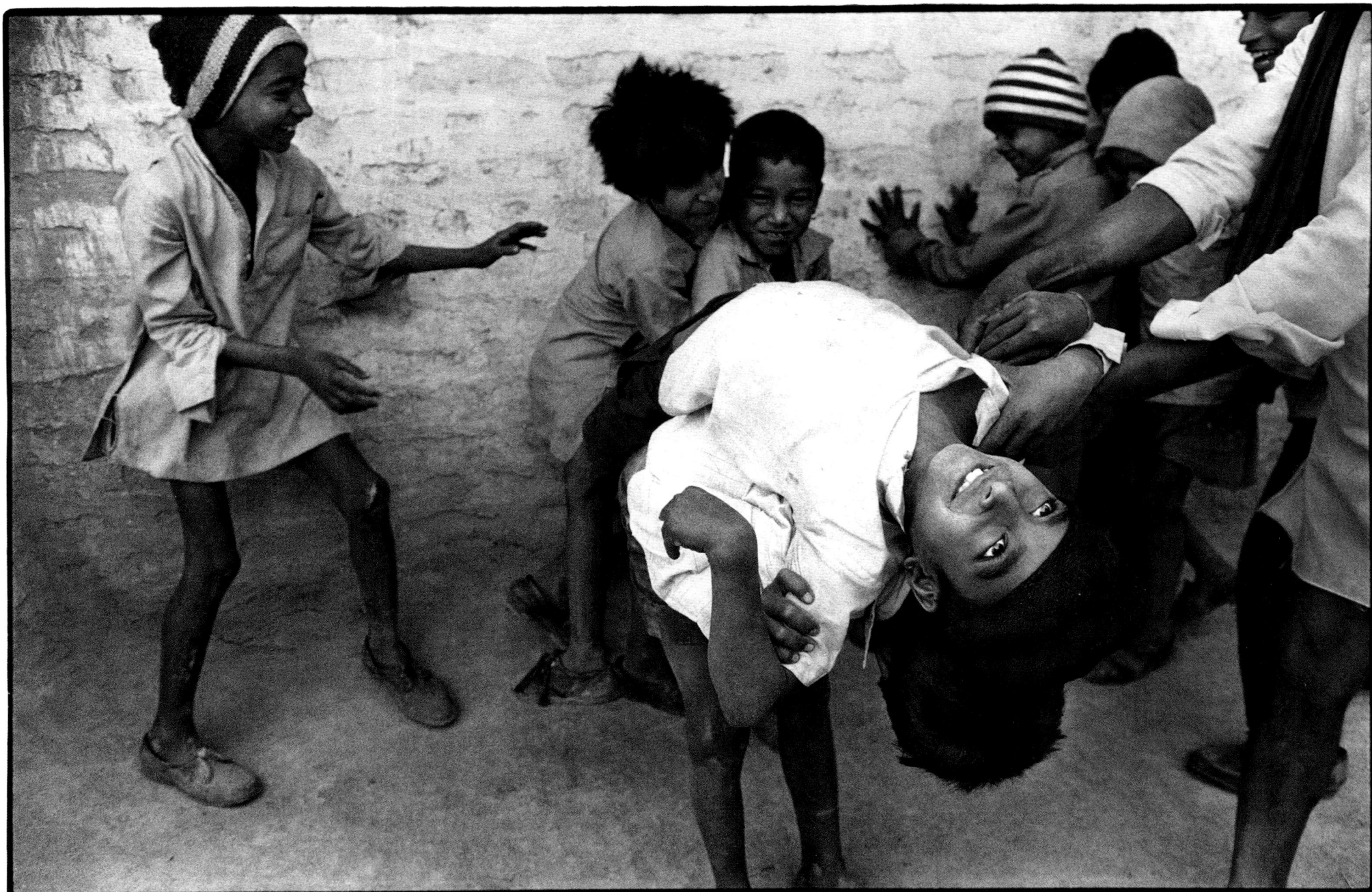

Swapan Parekh, *Kamal Singh, le petit fiancé de sept ans, joue avec ses amis pendant un moment de repos, lors du rituel de son mariage*, 1990

Swapan Parekh, *Kamal arrive avec le baraat (la procession venue du village du fiancé). La cérémonie du mariage a eu lieu dans le village de Prem Kuwar, où habite sa fiancée de sept ans. Le couple doit tourner sept fois autour d'un petit bûcher, tandis que l'on chante des hymnes religieux. C'est la première fois que les enfants se voient ; après quoi, ils sont mariés, 1990*

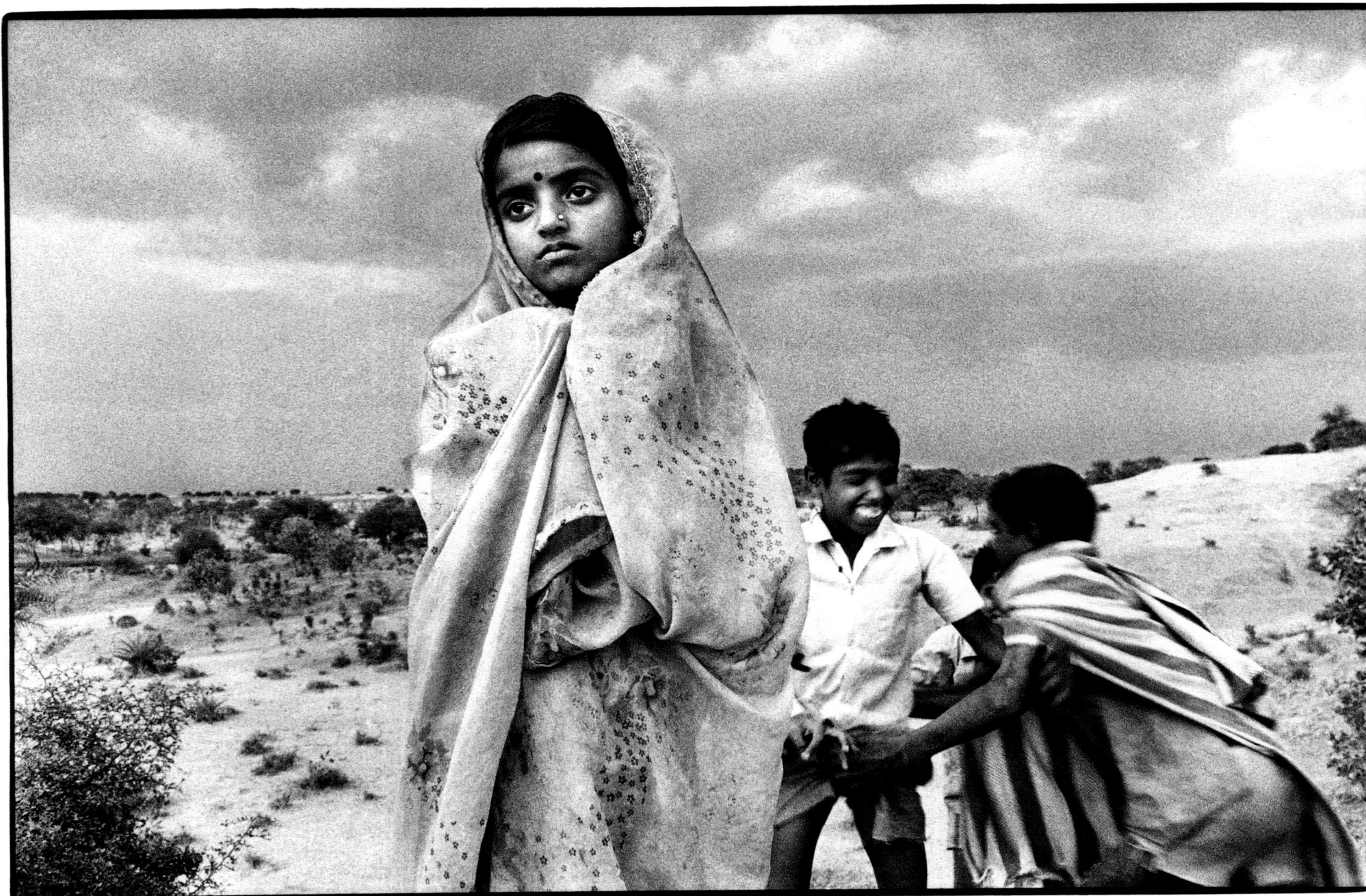

Swapan Parekh, *La petite Prem la veille de son mariage*, 1990

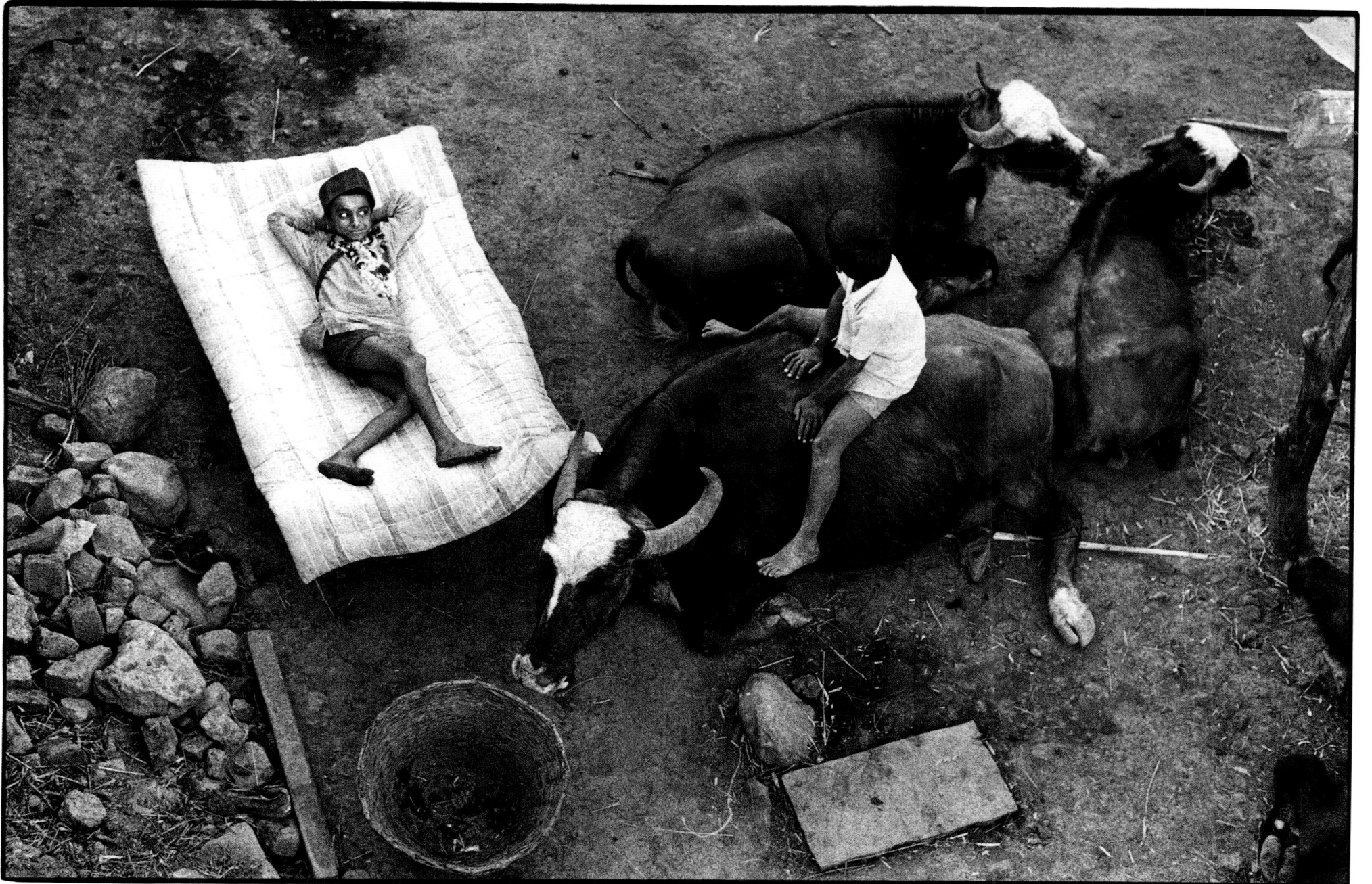

Swapan Parekh, *Kamal, dans sa tenue de mariage, se repose devant chez lui*, 1990

Bien qu'ayant réalisé des reportages dans de nombreuses régions de l'Inde (Orissa, Kulu, Darjeeling, Varanasi, Madurai, Rajahstan), j'ai passé à Calcutta l'essentiel de mon temps et j'ai logé plusieurs mois au Bengal Chambers, une pension de famille occupant un immeuble de quatre étages du côté de Park Street. À Calcutta, on dit que tous les enfants bengalis rêvent de devenir poètes. J'ai donc décidé d'aller photographier les créateurs, poètes, musiciens, acteurs, sculpteurs, peintres et cinéastes, pour puiser dans leur énergie et comprendre cet autre aspect d'une ville connue pour les drames qui s'y déroulent quotidiennement. C'est ainsi que j'appelai Satyajit Ray, personnage Renaissance légendaire, mondialement célèbre comme metteur en scène, auteur et compositeur. Il décrocha lui-même le téléphone et me demanda de venir tôt le lendemain matin, car il allait ensuite être indisponible pendant plusieurs semaines, devant procéder au montage de son dernier film. Lorsque je franchis sa porte, au deuxième jour de mon séjour à Calcutta, je me sentais très mal préparée à faire le portrait de cet artiste extraordinaire. Et cependant j'étais là, appareil photo à la main, devant mon héros. Peu après, j'allai à Santiniketan, où avait vécu l'immense poète et philosophe Rabindranath Tagore et où il avait fondé une école.

Trois ans de suite, je suis arrivée à Calcutta pour la saison des fêtes, qui commence avec le rituel hindouiste de Durga Puga. Je me rendais chaque jour dans deux communautés de sculpteurs, dans des quartiers opposés de la ville. J'observais la vie de famille et je photographiais les gens qui exécutaient ces étonnantes sculptures en bambou, terre et paille. Je m'initiais à l'hindouisme, au *sakti* des déesses Durga et Khali, au fur et à mesure que je photographiais les fêtes. L'imagerie religieuse se mit à occuper une place prépondérante dans mon vocabulaire visuel, car je voyais les différentes manifestations de la déesse, de ses suivants, de son époux Siva, comme autant de symboles universels récurrents : métaphore du pouvoir féminin, conflit des genres, et perpétuelle tension entre les forces du bien et du mal.

ROSALIND SOLOMON

Rosalind Solomon, *Le jardin de Tagore*, Santiniketan, Bengale-Occidental, 1982

Rosalind Solomon, *Danseuses de rue* hijra, *pendant une fête*, Calcutta, 1982

Rosalind Solomon, *Famille au bord de la rivière Hoogley, pendant la fête*, Calcutta, 1982

Rosalind Solomon, *Femme de la communauté des sculpteurs de Patua Para*, Calcutta, 1982

Rosalind Solomon, *Satyajit Ray*, Calcutta, 1981

Ces images font partie d'une étude en cours portant sur la dichotomie, en termes d'environnement, entre le respect hindouiste pour la vie et la nature, et la réalité de l'Inde moderne. Usines, centrales électriques et structures industrielles apparaissent comme des temples gigantesques et incarnent les dangers inhérents à l'industrialisation.

Le Parsi Lime Works de Katni, en particulier, souligne ces contradictions avec une effrayante ironie : géré par un peuple d'adorateurs du feu, le charbon à haute teneur de soufre qui y est brûlé pour réduire la chaux provoque une pollution catastrophique. D'autres photos de cette série rappellent les massacres de la chasse aux trophées pendant la période de l'empire britannique des Indes et la disparition inévitable d'espèces animales comme des grandes forêts qui recouvraient jadis l'Inde.

CHARLES LINDSAY

Charles Lindsay, *Pont sur le Gange*, Varanasi, 1992

Charles Lindsay, *Four à chaux*
tenu par des Parsis, Katni, 1992

Charles Lindsay, *Centrale
électrique*, Andhra Pradesh, 1992

Dayanita Singh, *Shanaz Hussein et sa fille, dans leur boudoir rose inspiré de Barbara Cartland*, New Delhi, 1992

J'ai réalisé des documentaires photographiques au domicile des gens, dans l'univers qui est le leur,

Dayanita Singh, *La famille royale des Sarguja, dans leur maison de Bhopal*, 1996

passant du réalisme du photojournalisme à la fantaisie des portraits de famille. Souvent, le photojournalisme alimente une image de l'Inde

Dayanita Singh, *Minni Sodhi, architecte d'intérieur, en compagnie de sa mère et de sa fille*, New Delhi, 1992

fabriquée par les médias occidentaux et mêlant exotisme et catastrophe. Telle n'est pas l'Inde dans laquelle je vis. Mon Inde,

Dayanita Singh, *Les parents du docteur Chopra, sa femme et sa fille, dans leur appartement de New Delhi*, 1995

l'autre Inde, trouve rarement place dans les médias internationaux. C'est pourquoi je photographie ma famille et mes amis. Finalement,

Dayanita Singh, *Un millier de travailleurs et prostitués mineurs libérés par
une organisation sociale et la police, à Bhandup*, Bombay, 1989

mes reportages en sont venus à graviter autour de la famille, fût-elle celle d'eunuques de Delhi ou de victimes d'émeutes. DAYANITA SINGH

Dayanita Singh, *Marie, douze ans, fille d'une prostituée, attendant d'être mise à son tour au travail*, Bombay, 1990

Dayanita Singh, *Tous les eunuques de Delhi célèbrent la naissance d'Ayesha pendant une période de trois jours. Ayesha a été adoptée à sa naissance par un eunuque, Mona Ahmed*, 1993

Dayanita Singh, *Saroj Khan, chorégraphe de cinéma pour des films hindis, fait une démonstration de pas pour Madhuri Dixit, la grande vedette indienne, Bombay*, 1993

Dayanita Singh, *Enfants des rues de Delhi venus assister aux fêtes des eunuques*, 1992

Dayanita Singh, *Mona Ahmed, eunuque par choix, en compagnie de sa petite fille adoptive, Ayesha, du côté de Turkman Gate*, Delhi, 1994

*Je voudrais en appeler tout spécialement à la jeunesse de ce pays,
car c'est elle qui, demain, le dirigera et qui aura la charge de
maintenir bien haut l'honneur et la liberté de l'Inde.*

*Ma génération passera, et bientôt nous transmettrons la torche
brillante de l'Inde, qui incarne son esprit aussi grand qu'éternel,
à des mains plus jeunes, à des bras plus forts. Qu'ils la conservent
levée bien haut, toujours éclatante, jamais ternie, afin que sa
lumière atteigne les foyers les plus reculés et apporte foi, courage
et bien-être à nos peuples.*

JAWAHARLAL NEHRU, 1948

Ketaki Sheth, *Mariage de rue*, Bombay, 1990

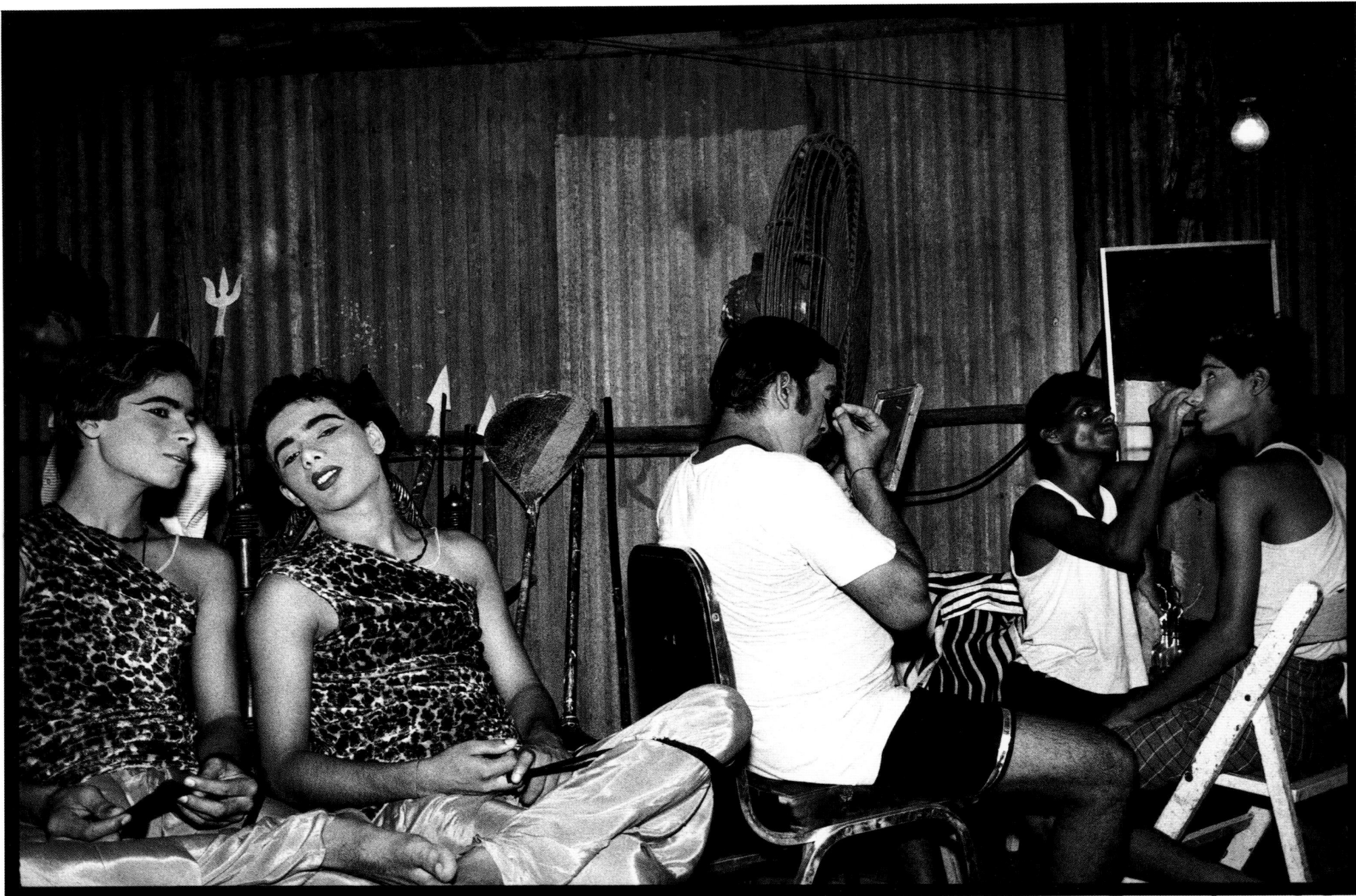

Ketaki Sheth, *Artistes populaires*, Bombay, 1987

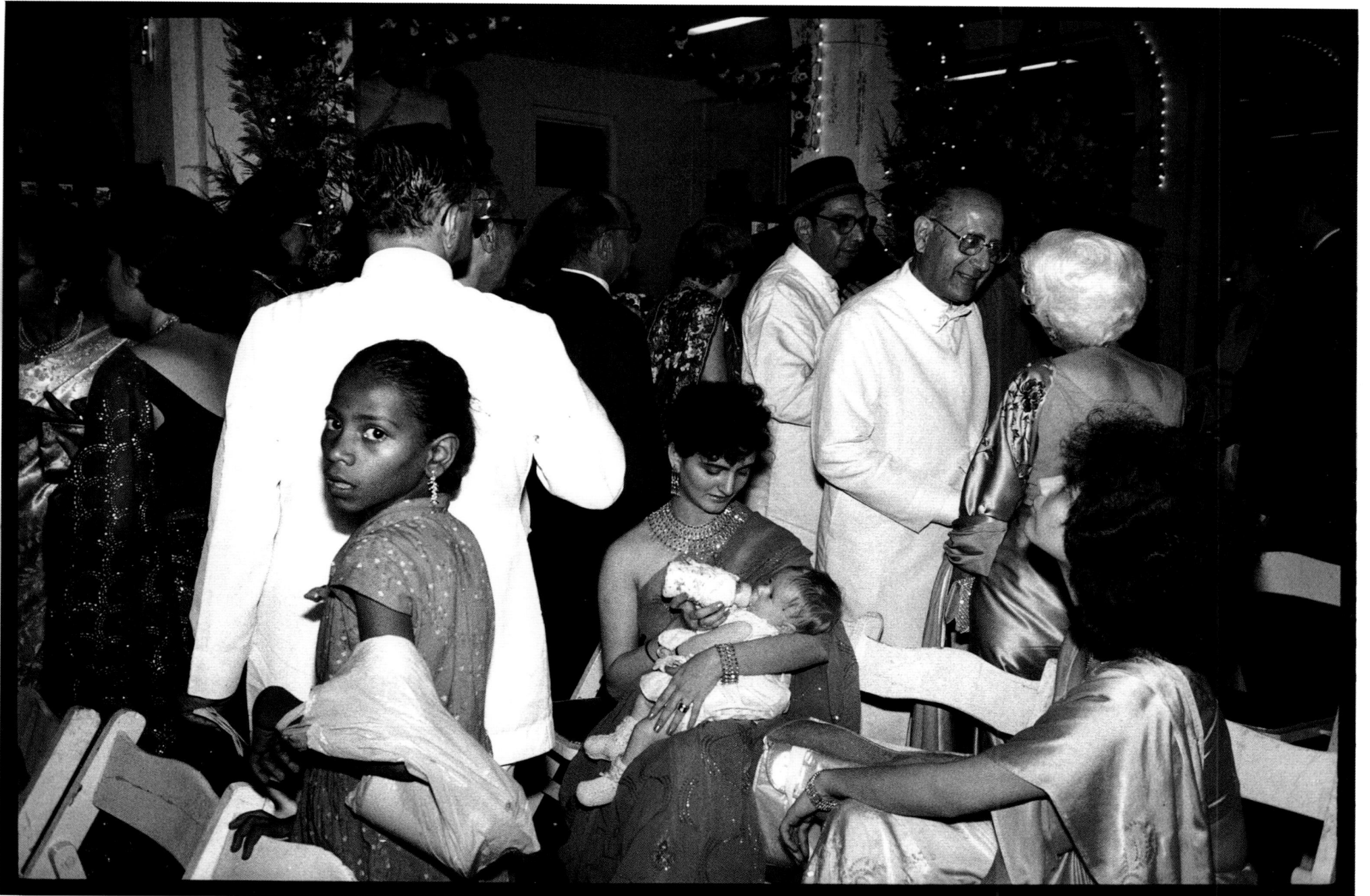

Ketaki Sheth, *Une mère et son enfant pendant une réception de mariage*, Bombay, 1988

Ketaki Sheth, *Mariage de rue II*, Bombay, 1990

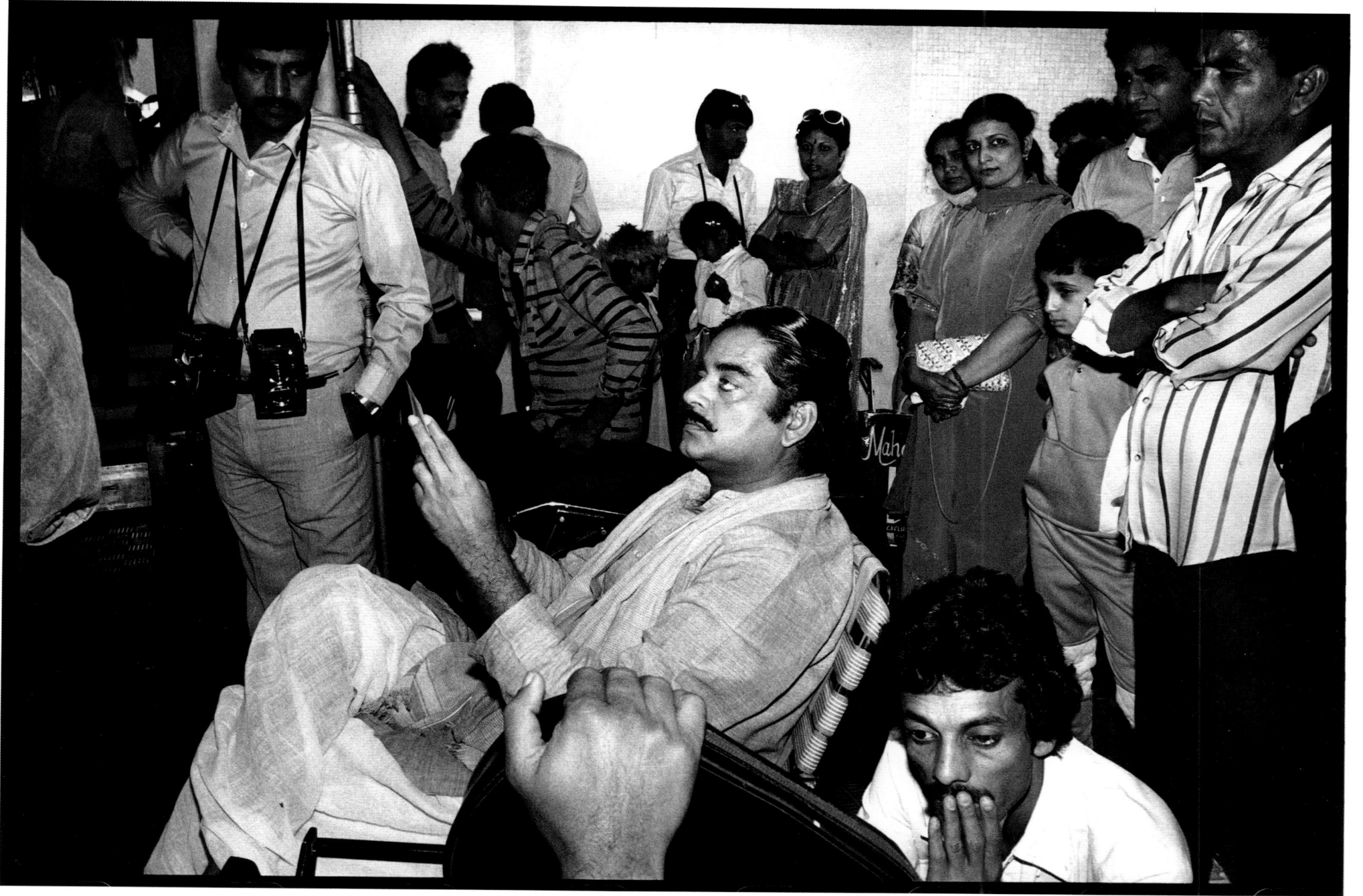

Ketaki Sheth, *Une star de cinéma répète ses répliques*, Bombay, 1987

JAISALMER, 1

Dans un pays désert, cette ville émaillée de perles.
Paons perchés sur des socles,
Éléphants défilant sur les murs.
Chaque balcon en dentelle de pierre,
Chaque fenêtre festonnée
Des plaies laissées par des épées grossières.
Au crépuscule, les murs s'embrasent comme
des odhnis orange.
Huit générations de mains
Ont usé le fer du marteau, à la porte.
Des chèvres noires errent dans la cour ;
Au-delà du portail blatère le chameau docile.
Des vêtements rouges sèchent sur le mur du milieu.
Une pauvre flamme brasille
Dans l'obscurité moisie de la pièce.
À la lueur rouge du foyer,
Dans les reflets du chundadi,
Une fille aux cheveux dorés pétrit un pain en forme
de ville.

GHULAM MOHAMMED SHEIKH, 1974

PAMELA SINGH

Pamela Singh, *Travailleurs émigrés vivant sous une affiche de vedette de cinéma*, Bombay, 1995

En haut : Pamela Singh, *Femmes du mouvement Chipko, filant de la laine*, Uttar Pradesh, 1994

En bas : Pamela Singh, *Vimla Bhaguna, enseignant les préceptes de Gandhi dans son école*, 1993

En haut : Pamela Singh,
*Les premières femmes pilotes
d'hélicoptères de l'armée
de l'air indienne à
l'entraînement,*
Hyderabad, 1995

En bas : Pamela Singh,
*Marche forcée, camp
d'entraînement de l'armée
de l'air,* Hyderabad, 1995

Pamela Singh, *Veuves (anciennement « enfants veuves ») chantant à l'ashram de Brindavan*, 1995

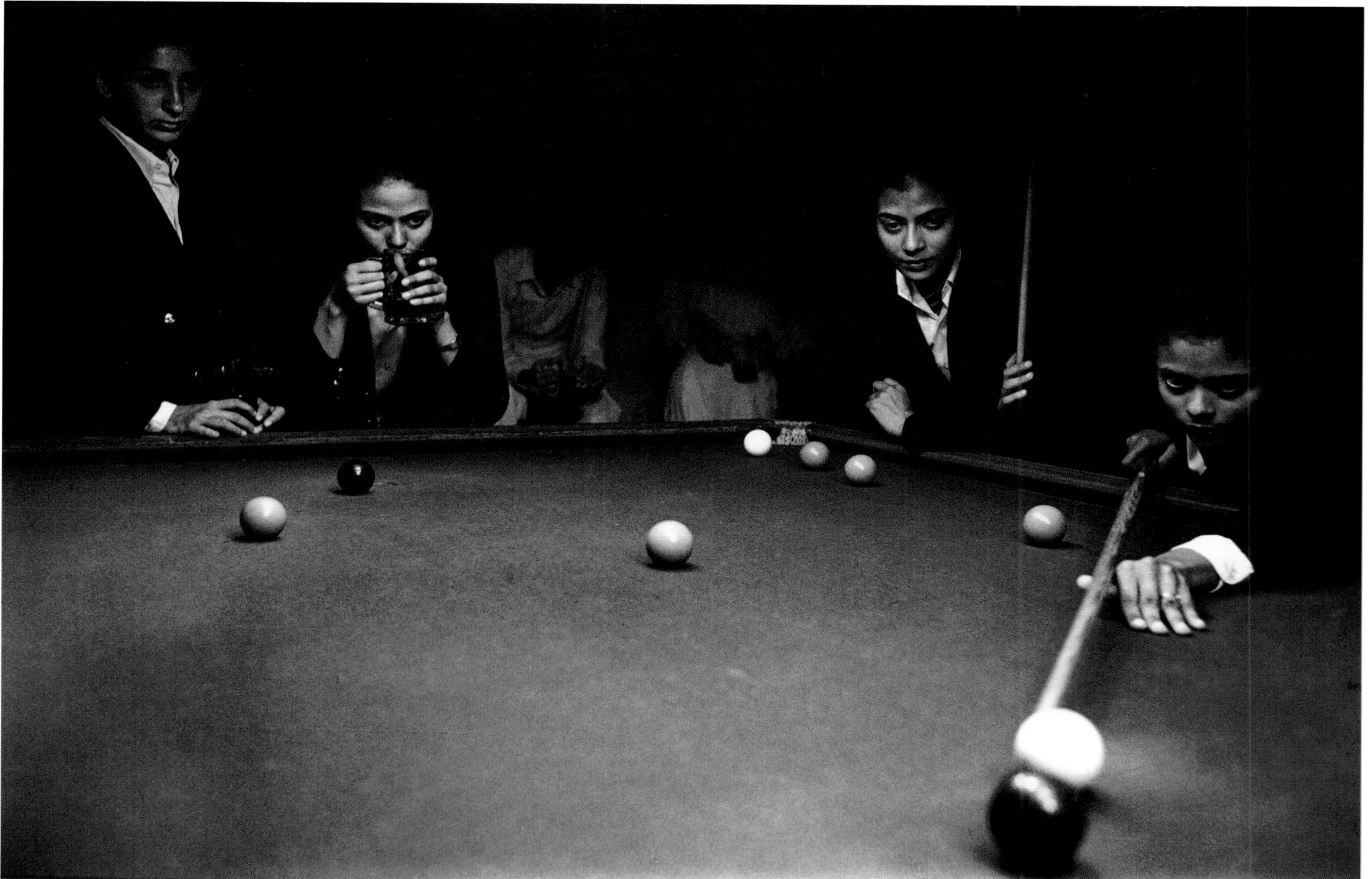

Pamela Singh, *Pilotes de l'armée de l'air de l'école de formation sur hélicoptère jouant au billard*, Hyderabad, 1995

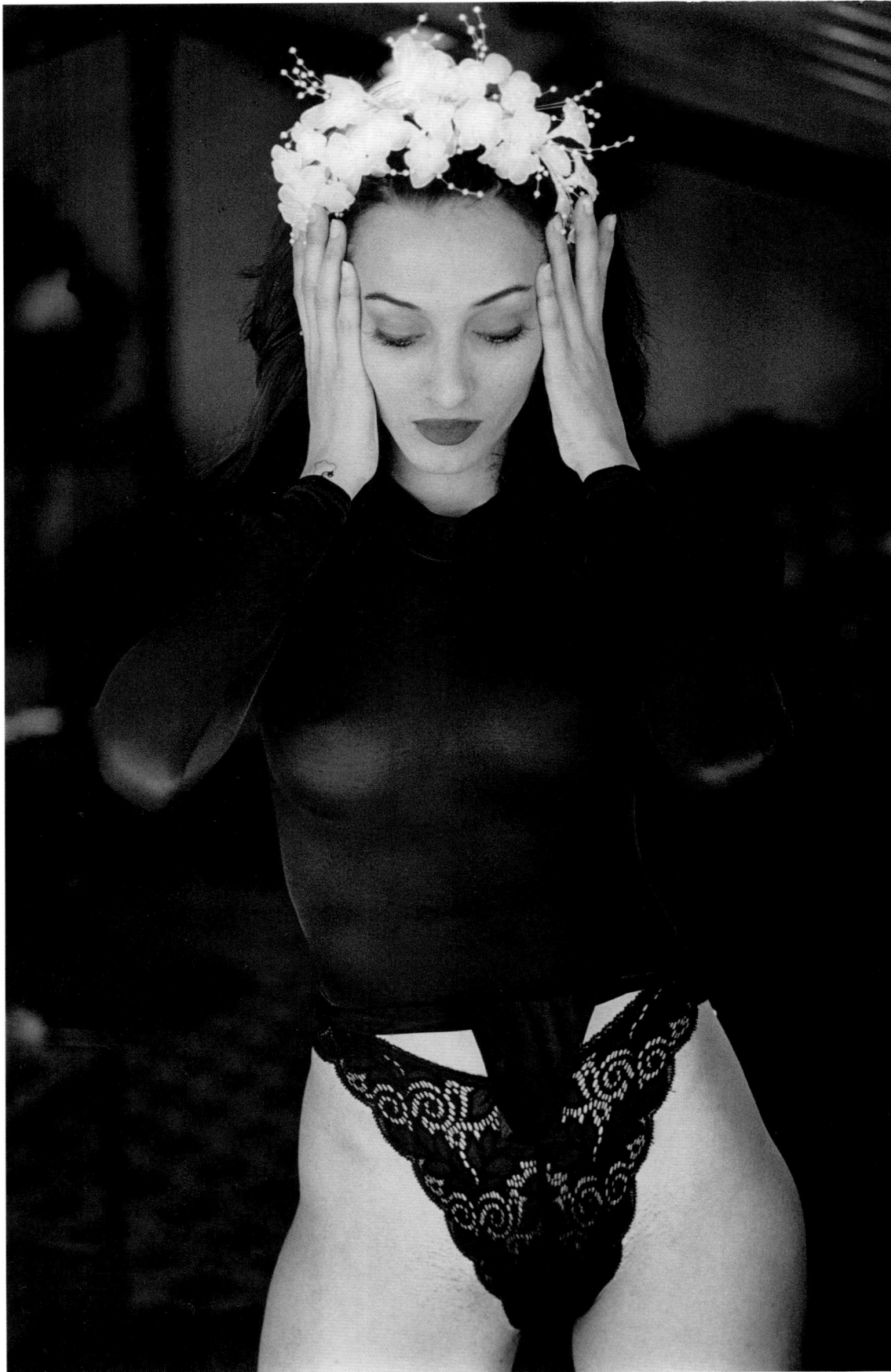

Pamela Singh,
Mannequin à Bombay, 1996

Pamela Singh, *Travestis religieux du sud de l'Inde*, 1994

La rivière est une voix
Dans ce désert de vies humaines.

Une voile s'élève,
Couleur de pastèque
Couleur de chair poignardée.
Les mendiants hissent leurs difformités
Comme les marins hissent leurs voiles.

Le Gange roule à travers le pays,
Non pour en soulager les misères
Mais pour les exhiber.

KEKI N. DARUWALLA, 1976

Sebastião Salgado, « *Marina Drive* ». *Les pauvres dorment ici en attendant la distribution de nourriture*, Bombay, 1995

L'appareil photo que l'on tient est un prolongement de la main, un prolongement de l'œil. On entre dans les choses, sans rien juger. On ne débarque pas avec sa culture américaine (ou brésilienne ou n'importe quelle autre) en affirmant : « C'est bien, c'est mal, c'est noir, c'est blanc. » On vient parce que l'on doit venir, parce que c'est un mode de vie. On est ici pour voir, pour entendre, pour comprendre, pour intégrer...

Je crois que si une photo ne rend pas justice à la grandeur réelle d'un homme, il vaut mieux ne pas photographier. Les gens que surprend mon objectif révèlent leur dignité intérieure et le combat qu'ils mènent pour vivre.

SEBASTIÃO SALGADO

Sebastião Salgado, *Dans le bidonville de Worli, près d'un quartier chic de Bombay*, 1995

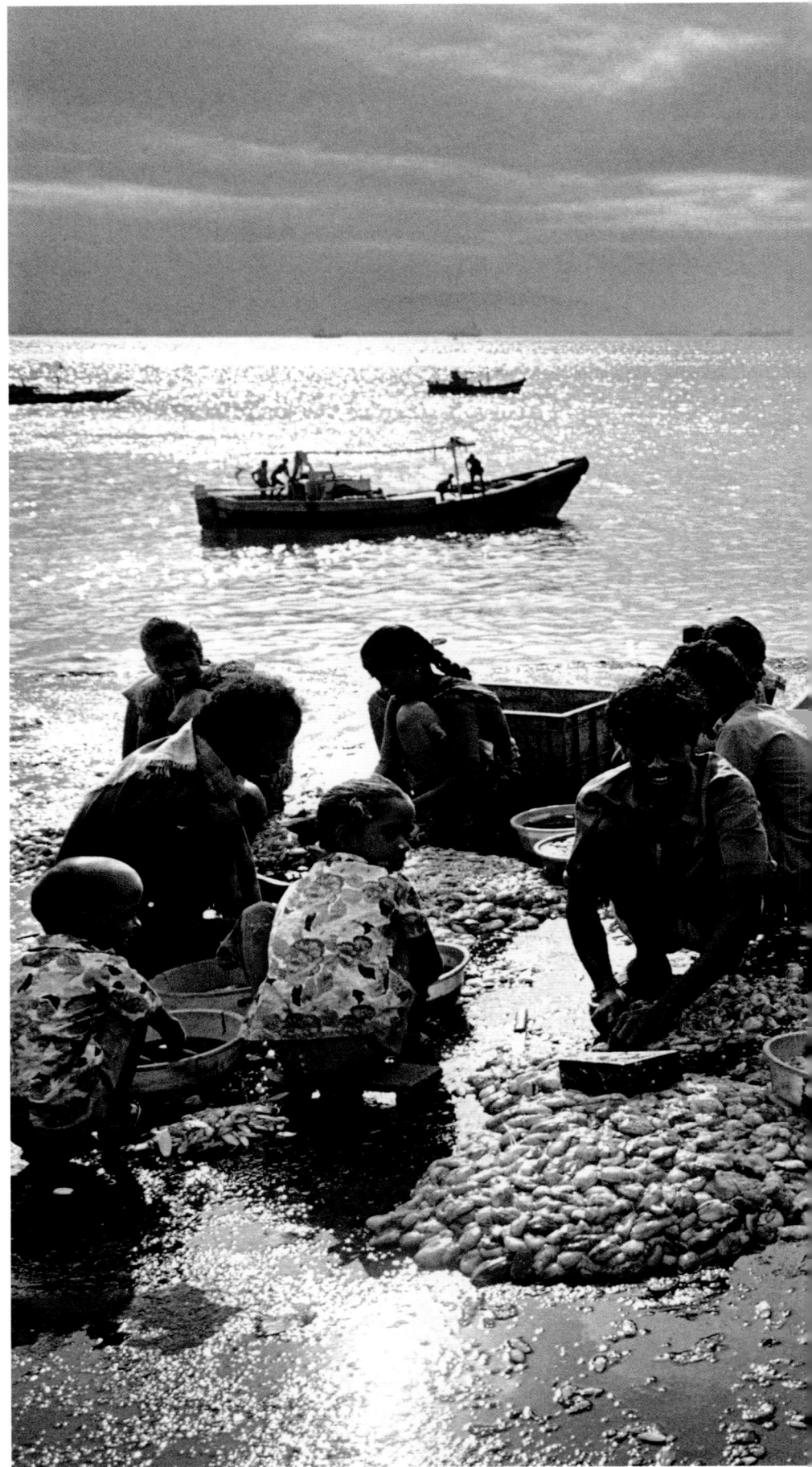

Sebastião Salgado, *Les quais de Sassoon, où s'effectue le tri des petits poissons*, Bombay, 1995

Sebastião Salgado, *Transport de briques en charrettes tirées par des chameaux. Construction du canal du Rajasthan*, Bombay, 1989

Sebastião Salgado, *Le grand lavoir de Mahalaxmi Dhobighat*, Bombay, 1995

Sebastião Salgado, *Femmes transportant des tuyaux destinés à l'irrigation. Travaux du canal du Rajasthan*, 1990

Sebastião Salgado, À la fin de la journée, une famille quitte la mine à ciel ouvert en poussant la charrette qui transporte le repas des travailleurs, mines de charbon de Dhanbad, Bihar, 1989

Sebastião Salgado, *Usine de taille des diamants à Surat*, Gujerat, 1995

Sebastião Salgado, *Mine de diamants de Sirsa*, Kalinjar, Madhya Pradesh, 1996

Sebastião Salgado, *La tente où l'on garde les repas des travailleurs. Site de construction du barrage de Sandar Sarovar*, Gujerat, 1990

Sebastião Salgado, *Le bidonville de Dharavy, l'un des plus vastes de toute l'Asie*, Bombay, 1995

J'aime l'Inde, non pas par idolâtrie
pour la géographie, non pas parce
que j'ai eu la chance d'être né sur
son sol, mais parce qu'elle a
préservé à travers des époques
tumultueuses la parole vivante,
reflet de la conscience illuminée
de ses grands fils…

RABINDRANATH TAGORE, 1912

Sebastião Salgado, *Le marché de Crawford*, Bombay, 1995

Sebastião Salgado, *Gare de Church Gate, terminus de la Western Railroad Line*, Bombay, 1995

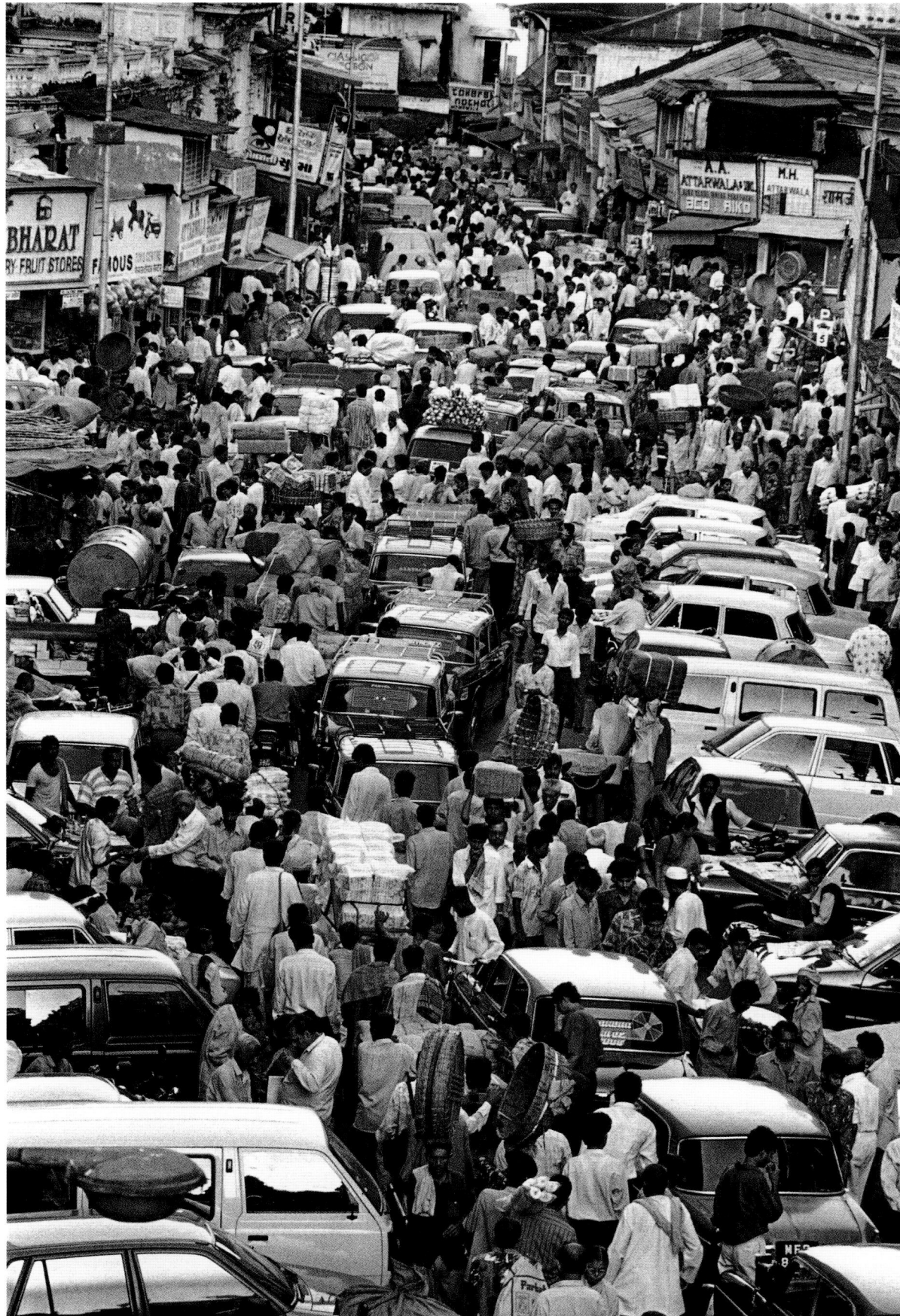

Sebastião Salgado, *Encombrements dans une rue du Bazar Dava*, Bombay, 1995

Sebastião Salgado, *Mine de charbon de Dhanbad. Une majorité des ouvriers sont des femmes*, Bihar, 1989

Sebastião Salgado, *Le bidonville de Mahim. Une conduite d'eau traverse l'agglomération pour apporter de l'eau potable aux riches*, Bombay, 1995

Sebastião Salgado, *Manifestation d'enseignantes*, Bombay, 1995

Sebastião Salgado, *Les docks de Sassoon, principal port de pêche de Bombay*, 1995

POSTFACE

Pendant plus de trois ans, de nombreuses personnes dans le monde ont participé à l'élaboration de l'exposition « Cinquante Ans d'indépendance de l'Inde, 1947-1997 », et du livre qui l'accompagne. Ces contributeurs dévoués comprenaient des conservateurs, des historiens, des rédacteurs, des écrivains, des concepteurs et leurs équipes, mais, avant tout, des photographes ; il y en a plus d'une vingtaine dans ce projet, répartis à peu près équitablement, en fin de compte, entre ceux nés en Inde et ceux que Victor Anant décrit si justement comme des « étrangers enchantés ». Tous ont porté une part dans la responsabilité du projet, tous ont offert quelque chose d'essentiel d'eux-mêmes pour le mener à bien.

Il est une autre personne dont l'esprit et la sagesse irriguent ces efforts : la remarquable Dorothy Norman. Ni les photos ni les propos de Dorothy n'apparaissent dans les pages qui précèdent, bien qu'elle soit une photographe de talent, ainsi qu'un écrivain authentique. Notre dette vis-à-vis d'elle : ses dons pour rapprocher les idées, les expériences, les personnes, son art d'inspirer les autres. Dorothy était dévouée à la cause indienne. Proche de Jawaharlal Nehru et de sa fille Indira, elle fut l'un des témoins du 15 août 1947. Elle fut aussi une source d'inspiration lors de la re-création d'Aperture, en 1964, et joua un rôle de premier plan dans la création, par Alfred Stieglitz, du Centre de la photographie au Philadelphia Museum of Art, quatorze ans plus tard. Grâce à plusieurs choses, mais notamment à l'influence de Dorothy, les deux institutions n'ont cessé de manifester un intérêt profond pour l'Inde. À cause aussi, bien entendu, de l'irrésistible attraction qu'exerce le fabuleux héritage de traditions de ce pays en art et en littérature et, par-dessus tout, dans le domaine spirituel. Aucun esprit curieux, aucun fervent des arts ne peut échapper à la fascination qu'exerce cette culture. En tant qu'institutions vouées à la photo, le musée et Aperture ont manifesté un intérêt et une sympathie plus tangibles pour les événements tumultueux et les défis qui émaillent l'histoire contemporaine de l'Inde, tels que nous les restituent des images parmi les plus saisissantes en la matière.

Ni l'exposition ni la monographie n'avaient l'ambition d'aborder cette histoire de façon exhaustive. Même le contact le plus superficiel avec l'Inde nous apprend que l'on ne pourra jamais en embrasser complètement l'immensité, la variété et la complexité. Nous avons simplement tenté de découvrir des photographes et des documents qui puissent donner un aperçu du visage et de la culture de l'Inde, en ce demi-siècle écoulé.

On trouvera ici des images qui révèlent le génie, la dévotion et la générosité du Mahatma Gandhi, l'énergie surhumaine dont il fit preuve dans sa quête pour la liberté. Des instants – officiels ou intimes – avec les grands dirigeants indiens, Nehru et Indira Gandhi ; d'autres moments qui traduisent le sentiment d'assister à de grands bouleversements économiques, sociaux, culturels ; d'autres enfin qui sont authentiquement et uniquement indiens par leur originalité et leur sens de ce qui est possible, comme la photo des enfants travaillant au Rajasthan, cherchant à prendre leur destin en main par la création d'un Parlement des enfants étonnamment efficace.

Si nous ne pouvons prétendre donner ici plus qu'une séquence disparate de tels instants, saisis par l'objectif au cours des cinq décennies passées, nous espérons néanmoins avoir rendu quelque chose de cette qualité qui unit les peuples de l'Inde, quelle que soit la profondeur de leurs différences. Dans son introduction, Victor Anant évoque admirablement cette qualité avec ce personnage de saint ou de mendiant en pagne safran, noir de peau, faisant preuve d'une humanité réduite à l'essentiel, à cette vérité cruciale : « *Dharam karo.* » Accomplis ton devoir. Ton dharma.

Toute personne connaissant l'Inde reconnaîtra là un rythme de vie commun, manifesté par une constante générosité, des offrandes continuelles. On est perpétuellement le témoin de telles offrandes, sous toutes les formes : offrandes rituelles de puja, prières à Allah, charité faite aux pauvres, hospitalité à l'étranger. Il est des offrandes de dimension historique, telles que l'hospitalité offerte au dalaï-lama et à ses partisans, ou encore aux millions de réfugiés venus du Bangladesh au moment de la partition avec le Pakistan occidental.

J'espère que ceux qui regarderont ces images et verront l'exposition reconnaîtront que telle est la véritable nature d'une célébration : honorer un peuple qui n'est avare ni de sa vie ni de sa culture, qui en fait une offrande à quelque chose de plus haut – au travail, à la famille, au sentiment d'appartenir à un ordre universel.

Dans cet esprit, nous espérons enfin que tous ceux qui rêveront sur ces images les accepteront comme une offrande, faite par quelques-uns des photographes les plus visionnaires des cinquante dernières années. Pour tous, comme pour tous ceux qui ont participé à cette entreprise, l'Inde existe, selon l'expression poignante d'Henri Cartier-Bresson, « comme un havre pour le cœur ».

ANNE D'HARNONCOURT, directrice du George D. Widener, Philadelphia Museum of Art

MICHAEL E. HOFFMAN, directeur exécutif, Aperture, et conservateur adjoint, Philadelphia Museum of Art

CHRONOLOGIE

1857 La grande révolte des cipayes, dite « mutinerie » par les Anglais, secoue la tutelle de la Compagnie des Indes occidentales anglaise jusque dans ses fondations.

1858 La révolte est réprimée, et la Couronne britannique s'empare du gouvernement de l'Inde. Le gouverneur général de l'Inde porte le titre de vice-roi.

1861 L'*Indian Council Act* permet d'inclure les Indiens dans le processus législatif.

1885 Fondation de l'Indian National Congress, fer de lance du combat pour la libération.

1889 Kadambini Ganguly est la première femme à prendre la parole au cours d'une séance publique du Congrès. Ganguly et Anandibai Joshi étaient devenues, trois ans plus tôt, les premières femmes médecins de l'Empire britannique.

1892 Un nouvel *Indian Council Act* augmente la participation indienne aux assemblées législatives, mais non officiellement. Il est critiqué par les Indiens, car la réalité du pouvoir reste aux mains du vice-roi.

1905 Partage du Bengale. Pour les Indiens, c'est une tentative de marginalisation des Bengalis, politiquement plus engagés. Il s'ensuit une grande agitation, avec boycott et destruction des produits étrangers.

1906 La Ligue musulmane est créée à Dacca, encouragée par les Britanniques.

1907 Scission de l'Indian National Congress entre modérés et extrémistes. Les extrémistes sont chassés. Tentative d'assassinat du lieutenant gouverneur du Bengale, soulignant la montée du terrorisme comme moyen de conquérir l'indépendance.

1909 Une nouvelle loi accorde une plus large participation indienne aux assemblées législatives et introduit des élections communales. Les dirigeants nationalistes y voient une nouvelle tentative pour diviser hindouistes et musulmans.

1911 Lors d'un *durbar* (audience solennelle) à Delhi, le roi George V annule la partition du Bengale. Delhi devient capitale de l'Inde.

1914 Début de la Première Guerre mondiale. Échec de la tentative de soulèvement lancée par le parti Gadhar (révolutionnaire).

1915 Mohandas Karamchand Gandhi retourne en Inde après avoir lancé avec succès un mouvement de résistance non violent en Afrique du Sud. Pendant les années 1917-1918, il assure la direction des mouvements paysans du Bihar et du Gujerat et ceux des ouvriers du textile d'Ahmedabad.

1916 Les extrémistes se rallient au Congrès lors de son assemblée annuelle, à Lucknow. Entre le Congrès et la Ligue musulmane est signé le pacte de Lucknow, tentative pour préparer la coopération entre les deux communautés.

1918 Fin de la Première Guerre mondiale.

1919 Appel de Gandhi pour une protestation non violente *(satyagraha)* contre les lois Rowlatt, proposant de sévères restrictions des libertés civiles des Indiens afin de mettre un terme au terrorisme.
Le 13 avril, le général Reginald Dryer fait massacrer les manifestants à Jaliyanvalabagh, soulevant une vague de protestations virulentes presque partout en Inde. Le poète Rabindranath Tagore renonce à son titre de chevalier de l'Empire britannique. Dépassé par ce climat de violence, Gandhi, le 18 avril, annule son appel à l'agitation.
L'*Indian Act* de 1919 met en place le système de dyarchies dans les provinces. Le gouverneur et l'exécutif provincial gardent l'autorité en matière de loi et d'ordre, et n'ont de comptes à rendre, à ce titre, qu'au vice-roi ; les ministres élus sont responsables, notamment, de l'éducation et des travaux de développement local. Ces concessions ne satisfont pas les nationalistes.

1920 Fondation du parti communiste indien à Tachkent, en Union soviétique, avec à sa tête M. N. Roy.
Le Congrès, sous l'impulsion de Gandhi, lance le mouvement de non-coopération en soutien au comité Khilafat.

1922 Gandhi renonce au mouvement de non-coopération après la mort de vingt-deux policiers lors d'un violent incident à Chauri Chaura (Uttar Pradesh). Le Congrès est démoralisé par son attitude ; les dirigeants du mouvement Khilafat se sentent désavoués. Gandhi n'en est pas moins emprisonné en mars.
N'ayant pu obtenir la révision de la décision du Congrès visant à boycotter la participation aux législatures, deux durs du parti, Chittaranjan Das et Motilal Nehru (père de Jawaharlal), fondent un nouveau parti, le Swaraj.

1924 Gandhi est libéré pour raison de santé et s'entend avec les dirigeants du parti Swaraj.

1927 Le gouvernement britannique crée une com-

mission, où ne siège aucun Indien, présidée par sir John Simon, afin d'étudier l'éventualité d'une extension des droits constitutionnels des Indiens. Le Congrès décide le boycott de cette commission.

1928 Une grève générale et des marches de protestation accueillent l'arrivée de la commission Simon à Bombay, le 3 février. Au cours de l'agitation qui suit, deux grands dirigeants émergent : Chandra Bose, nationaliste radical du Bengal Subhas, et Jawaharlal Nehru.

1929 Jawaharlal Nehru devient président du Congrès lors de son assemblée annuelle à Lahore. Pour la première fois, le Congrès déclare que son objectif n'est rien moins que la *Purna Swaraj*, une autonomie gouvernementale complète, et autorise son comité de travail à mettre en place un programme de désobéissance civile.

1930 Gandhi lance le mouvement de désobéissance civile le 6 avril à Dandi, au Gujerat, par une protestation contre les taxes sur le sel. Jawaharlal Nehru est arrêté le 14 avril, et Gandhi le 4 mai pour avoir violé la loi sur le sel. Ce mouvement devient populaire ; les femmes et les enfants y jouent un rôle éminent.
Des révolutionnaires bengalis pillent une armurerie de la police dans le port de Chittagong, et les combats entre l'armée et la police sur la colline voisine traduisent une résurgence du terrorisme révolutionnaire au Bengale.
Lord Irwin, le vice-roi, avance l'idée d'une conférence et propose de se diriger vers un statut de dominion ou d'autonomie dans le cadre de l'Empire. La première Conférence de la table ronde se tient à Londres en novembre.

1931 On annonce le 5 mars un accord entre Gandhi et Irwin, à la suite de la libération de Gandhi, le 25 janvier. Les Britanniques acceptent de relâcher les prisonniers, d'annuler les mesures répressives et permettent la production du sel pour la consommation dans les villages côtiers, tandis que le Congrès accepte de suspendre le mouvement de désobéissance civile.
Trois révolutionnaires, Baghat Singh, Asukhdev et Rajguru, sont pendus le 23 mars pour l'assassinat, en 1928, d'un officier de police ayant eu une part de responsabilité dans la mort du dirigeant nationaliste Lala Lajpat Ral.
Sarojini Naidu devient la première femme présidente du Congrès.
Le 29 août, Gandhi part en bateau pour Londres afin de participer à la deuxième table ronde.

1932 Le gouvernement lance une offensive contre le Congrès en arrêtant Gandhi le 4 janvier. Une répression sauvage s'abat sur le pays. Fidèles à la politique du « diviser pour régner », les Britanniques lancent le *Communal Award*, qui constitue un électorat séparé pour les classes inférieures, en plus des électorats séparés existant déjà pour les sikhs, les musulmans et les minorités chrétiennes. Gandhi entame une grève de la faim illimitée pour protester contre cette loi. Le *Poona Act*, signé par Gandhi et le Dr Ambedkar (représentant les castes inférieures), ne reconnaît que la représentation auprès des assemblées centrale et provinciales. De son côté, le Dr Ambedkar renonce à l'exigence d'un électorat séparé.

1934 Le parti communiste indien est déclaré illégal. Gandhi se retire du mouvemenet de désobéissance civile. Jayaprakash Narayan, Acharya Narendra Dev et Minoo Masani créent, dans le parti du Congrès, une aile socialiste. Gandhi se retire officiellement du Congrès, mais seulement « pour mieux le servir par ses pensées, ses paroles et ses actes ».

1935 *L'India Act*, en août, crée un gouvernement fédéral avec une autonomie provinciale et étend la franchise à un sixième de la population. Les gouvernements provinciaux auront des cabinets ministériels, mais la réalité du pouvoir demeure aux mains du vice-roi et de ses représentants.

1937 Le Congrès remporte les élections. Il forme des gouvernements à Madras, à Bombay, dans les Provinces centrales, en Orissa, au Bihar, en Uttar Pradesh et plus tard en Assam et dans la province de la frontière nord-ouest.

1939 Subhas Chandra Bose est réélu président du Congrès en dépit de l'opposition de Gandhi. Il ne peut cependant se maintenir à ce poste, démissionne et fonde le Forward Bloc Party.
Déclenchement de la Seconde Guerre mondiale. Le vice-roi annonce la participation de l'Inde au conflit sans avoir consulté les dirigeants nationalistes indiens.
Le comité de travail du Congrès condamne le nazisme et le fascisme, mais affirme que l'Inde ne peut participer au conflit qu'en tant que nation indépendante. Le vice-roi ne l'accepte pas et les ministres du Congrès élus dans les provinces démissionnent. Les ministres élus de la Ligue musulmane restent à leur poste.

1940 La Ligue musulmane, sous l'impulsion de Mohammed Ali Jinnah, exige un État séparé, le Pakistan.

1941 Subhas Chandra Bose, assigné à résidence à Calcutta, s'enfuit et gagne Berlin. De là, il exhorte par radio les Indiens à se révolter.
Sir Stafford Cripps vient en Inde présenter un projet de

déclaration promettant le statut de dominion à la fin de la guerre. Les dirigeants du Congrès rejettent cette proposition.

1942 Le 9 août, le Congrès lance le mouvement Quit India. Le soulèvement général qui s'ensuit, en dépit de l'arrestation des leaders, est réprimé.

1943 Subhas Chandra Bose annonce de Tokyo la création d'un Gouvernement provisoire de l'Inde et d'une armée nationale indienne.

1944 Gandhi est libéré le 4 mai.

1946 Une mission du cabinet britannique arrive en Inde. Incapable d'obtenir un consensus sur un projet constitutionnel, elle propose une structure fédérale très vague, les provinces bénéficiant d'une très large autonomie, ainsi que la création d'une assemblée constituante et d'un gouvernement intérimaire. Les désaccords entre le Congrès et les exigences musulmanes pour un Pakistan indépendant paralysent ces efforts.
La Ligue musulmane lance une Journée d'action directe par des manifestations dans tout le pays, mouvement qui déclenche les grands massacres de Calcutta. Une année de violences entre hindouistes et musulmans commence. Les Britanniques acceptent le principe d'un Pakistan séparé exigé par Jinnah. Le Congrès accepte la partition du pays.

1947 L'Inde devient indépendante le 15 août 1947 à minuit, et Jawaharlal Nehru est son premier Premier ministre.
Des troupes d'irréguliers du Pakistan envahissent le Cachemire en octobre. Le maharadjah Hari Singh du Cachemire signe l'acte d'accession à l'Inde. Des troupes indiennes font mouvement vers le Cachemire.

1948 Le 30 janvier, Gandhi est assassiné par un fanatique hindouiste.
Le parti communiste indien adopte la ligne insurrectionnelle lors de son deuxième congrès et intensifie les mouvements paysans violents du Bengale-Occidental et de l'Andhra Pradesh.
Le gouvernement indien annonce une politique industrielle visant au développement d'une économie mixte en Inde.

1949 Les Nations unies obtiennent la signature d'un cessez-le-feu au Cachemire.

1950 Le 26 janvier, l'Inde se déclare république dotée d'une Constitution fédérale, démocratique et parlementaire, avec des dispositions particulières pour les classes

défavorisées. Le Dr Rajendra Prasad devient le premier président de l'Inde.

1951 Le lancement du premier Plan quinquennal (1951-1956) ouvre une ère de développement planifié.
Le parti communiste indien retrouve le chemin du Parlement.

1952 Les premières élections générales, dans le cadre de la nouvelle Constitution, donnent la majorité au Congrès sur les plans national et provincial.

1954 Le traité sino-indien sur le Tibet s'accompagne de « cinq principes de coexistence pacifique », dits *Panchasheela*.
L'objectif déclaré du pays est une forme socialisante de société.

1955 L'Inde prend l'initiative de lancer un mouvement de non-alignés avec les pays de l'Asie et de l'Afrique lors de la conférence de Bandung, en Indonésie.
Plusieurs États adoptent des lois de réforme agraire.
L'*Hindu Marriage Act* abolit la bigamie parmi les hindouistes.

1956 L'*Hindu Succession Act* reconnaît aux femmes le droit d'hériter.
Une directive de « politique industrielle » accorde aux États un rôle majeur dans l'économie afin d'accélérer la croissance économique et l'industrialisation.

1957 Le Dr Sarvepalli Radhakrishnan, philosophe et érudit éminent, devient président de l'Inde.

1958 Jawaharlal Nehru présente au Parlement les principes d'une politique de non-alignement et lance un projet de directive en matière de politique scientifique.

1959 Les Tibétains se soulèvent contre la Chine. Le dalaï-lama trouve refuge en Inde. Les relations sino-indiennes, envenimées par des querelles de frontière, se détériorent rapidement.

1960 Le Premier ministre chinois Zhou Enlai en visite officielle à Delhi. Échec de la tentative de règlement des querelles frontalières.

1962 Les querelles frontalières se transforment en un conflit déclaré. À la suite des revers indiens, Krishna Menon, ministre de la Défense, donne sa démission.

1963 Plusieurs ministres importants (nationaux) et Premiers ministres des États, appartenant au parti du Congrès, démissionnent pour protester contre un plan de réforme du parti, dit plan Kamaraj.

1964 Mort de Jawaharlal Nehru, le 27 mai ; Lal Bahdaur Shastri est nommé Premier ministre par le Congrès.

1965 La guerre avec le Pakistan s'arrête sur un cessez-le-feu au bout de vingt-deux jours de combats.

1966 L'Inde et le Pakistan signent un traité de paix à Tachkent, sous les auspices soviétiques. Lal Bahadur Shastri meurt à Tachkent peu après avoir signé les accords. Indira Gandhi est nommée Premier ministre.
La dévaluation de la roupie déclenche une vague générale de critiques.

1967 Le Congrès essuie un sérieux revers lors des élections générales. Il perd le pouvoir dans plusieurs États importants et ne dispose que d'une majorité étroite au niveau national.

1969 Mort du Dr Zakir Hussain. Le Congrès est partagé sur le choix d'un successeur. La nationalisation des banques indiennes est le premier geste d'Indira Gandhi pour instaurer une politique économique populaire.
V. V. Giri, le candidat d'Indira Gandhi, est élu à la présidence de la République. Une scission dans le parti du Congrès rend le gouvernement minoritaire à Delhi, mais le soutien que lui apportent les communistes et le Dravida Munnetra Kazhagam, parti régional du Tamil Nadu, lui permet de rester aux affaires.

1971 Indira Gandhi obtient, avec sa fraction du Congrès, une victoire retentissante aux élections parlementaires avec le slogan : « Bannir la pauvreté. »
Dix millions de Pakistanais du Pakistan oriental (actuellement le Bangladesh) trouvent refuge en Inde après la violente répression du mouvement autonomiste par l'armée pakistanaise.
L'Inde et l'Union soviétique signent un traité de paix et d'amitié. L'Inde bat le Pakistan et contribue à la libération du Bangladesh.

1972 Indira Gandhi et Ali Bhutto, le nouveau Premier ministre pakistanais, signent l'accord de Simla mettant fin au conflit, accord stipulant que la dispute du Cachemire doit être résolue par le biais de discussions bilatérales. Quelque 93 000 prisonniers de guerre pakistanais rentrent chez eux.

1974 Premier essai nucléaire indien réussi.

1975 Le Comité sur le statut des femmes en Inde soumet son rapport.
Un jugement de la Cour suprême invalide l'élection qui a porté Indira Gandhi au pouvoir. Devant le mécon-tentement grandissant, devenue la cible du mouvement anti-corruption conduit par Jayaprakash Narayan, elle déclare l'état d'urgence le 25 juin. Elle est accusée d'instaurer une dictature avec son fils Sanjay.

1977 Le parti du Congrès se fait étriller aux élections de mars ; Indira et Sanjay Gandhi sont tous deux battus. L'opposition non communiste s'unit pour fonder le parti Janata (parti du Peuple). Morarji Desai devient Premier ministre.

1979 Chute du gouvernement du parti Janata. Formation d'un nouveau gouvernement minoritaire, avec Charan Singh comme Premier ministre ; il démissionne rapide-ment, le Congrès lui retirant son soutien.

1980 Indira Gandhi revient au pouvoir après les élections. Son fils, Sanjay, se tue dans un accident d'avion.

1984 L'armée prend d'assaut le Temple d'or à Amritsar, après un combat très violent avec les militants sikhs qui l'occupaient. Cette action est très largement critiquée.
Indira Gandhi est assassinée par son garde du corps sikh pour venger les siens.
Rajiv Gandhi devient Premier ministre, alors qu'ont lieu de violentes émeutes anti-sikhs un peu partout dans le pays.
L'usine chimique de l'Union Carbide, à Bhopal, laisse échapper accidentellement un gaz mortel qui fait des milliers de victimes.
Le Congrès et Rajiv Gandhi remportent largement les élections de décembre.

1985 Vote du premier budget allant dans le sens d'une libéralisation économique.

1986 Présentation au Parlement des nouvelles orien-tations en matière d'éducation, du primaire à l'université.

1989 Le Congrès, sous la houlette de Rajiv Gandhi dont la popularité a été sapée par des accusations de corrup-tion, perd les élections. Un nouveau gouvernement de coalition est formé, avec V. P. Singh comme Premier ministre.

1990 V. P. Singh annonce que son gouvernement a l'intention de faire passer dans les faits les recom-mandations du rapport controversé de la commission Mandal, visant à réserver certains emplois aux classes défavorisées. De violentes manifestations de protestation ont lieu un peu partout en Inde.
Chute du gouvernement Singh le 7 novembre.
Le nouveau gouvernement minoritaire de Chandra Shekhar ne tient que quelques semaines. Nouvelles élections.

1991 Rajiv Gandhi est assassiné le 21 mai, pendant la campagne électorale.
À l'issue des élections, le Congrès est le parti le plus représenté à l'Assemblée ; Narasimha Rao devient Premier ministre.
Le budget de 1991-1992 accélère le processus de libé-ralisation.

1992 En dépit d'une faible participation, la tenue d'élections au Pendjab se traduit par une perte d'influence du mouvement sécessionniste qui s'était développé depuis la fin des années soixante-dix.
La destruction de la mosquée Babri par des fanatiques hindouistes est un choc pour le pays, révélant le potentiel effrayant de l'extrémisme politique hindouiste, en plein essor.
La mise au jour d'une importante escroquerie bancaire souligne la corruption massive qui règne dans le pays.

1993 Le 73e amendement à la Constitution permet de réserver un tiers des sièges aux femmes dans les assemblées locales.

1996 Le Congrès, emmené par Narasimha Rao, perd les élections. Le Bharatiya Janata, parti le plus représenté, forme un gouvernement qui démissionne devant la pers-pective d'un vote de défiance, n'ayant pu réussir à former une coalition. Un gouvernement Front uni de coalition est installé, avec Deve Gowda comme Premier ministre.
L'Inde refuse de signer le traité d'interdiction totale des esssais nucléaires.

Chronologie établie par Hiranmay Karlekar

LES PHOTOGRAPHES

HENRI CARTIER-BRESSON est l'un des photographes les plus célèbres au monde. Né en 1908, il a étudié la peinture dans les années vingt, pour se tourner vers la photographie dans les années trente. Il s'intéressa au cinéma en 1933 avec Paul Strand, et fut plus tard assistant de Jean Renoir. Pendant la Seconde Guerre mondiale, Henri Cartier-Bresson, fait prisonnier par les Allemands, passa trois ans en captivité avant de s'évader pour rejoindre la clandestinité, filmant par la suite le retour des prisonniers de guerre. Il fonde en 1947 l'agence Magnum avec, notamment, Robert Capa et David Seymour. Son travail l'a depuis conduit partout dans le monde. Un livre dont il est l'auteur, *Henri Cartier-Bresson en Inde* (Centre national de la photographie), a été publié en 1985.

MITCH EPSTEIN a suivi les cours de la Rhode Island School of Design avant d'étudier avec le photographe Garry Winogrand, à Cooper Union, à New York. Il a bénéficié de l'aide de la National Endowment for the Arts et de bourses du New York State Council et de la Pinewood Foundation. Il a fait de nombreuses expositions à New York et son œuvre figure dans plusieurs grandes collections du monde, y compris celles du Museum of Modern Art et du Metropolitan Museum of Art, à New York, et celle de la Bibliothèque nationale à Paris. Epstein a enseigné la photo à l'université Harvard, et a travaillé comme cinéaste dans plusieurs productions couronnées de prix, parmi lesquelles *Salaam Bombay !* et *Mississippi Masala*. Parmi ses livres, on compte *In Pursuit of India* (Aperture, 1987) et *Vietnam : a Book of Changes* (Norton/Doubleday, 1996). Il habite actuellement New York.

KANU GANDHI (1917-1986), cousin et disciple du Mahatma Gandhi, a rejoint l'India's Non-Cooperation Movement alors qu'il était encore adolescent. Le Mahatma Gandhi, qui refusait en général de poser pour les photographes, se laissa prendre en photo par son cousin, à condition qu'il finance lui-même son travail et n'utilise pas de flash. Grâce à cette proximité, il a pu saisir les rares moments d'intimité et de décontraction de son sujet. Quelques-unes des photos de Kanu Gandhi ont été reproduites dans des publications diverses, mais la grande majorité est restée inédite.

WILLIAM GEDNEY (1932-1989) est né à New York. Sa première exposition « *Eastern Kentucky and San Francisco* » a eu lieu en 1968 au Museum of Modern Art de New York. Il a reçu de nombreuses récompenses et bourses, y compris de la John Guggenheim Memorial Foundation, du National Endowment of the Arts et de la Fulbright Foundation (pour son travail sur l'Inde, où il vécut plusieurs années). Gedney a également enseigné la photographie à la Cooper Union et au Pratt Institute à New York jusqu'en 1989, année de sa disparition.

HARRY GRUYAERT, d'origine belge, a travaillé dans de nombreux pays. Ses photos ont été publiées dans des revues comme *Zoom* et *Photo* (France), *Stern* (Allemagne) et *Actuel Fotografi* (Suède). Ses « Rencontres indiennes » ont été reproduites dans le n° 17 de *Double Page* en 1982. Les travaux d'Harry Gruyaert ont été présentés dans de nombreuses expositions et dernièrement (1996) à Dijon, au palais des Ducs de Bourgogne. On lui doit deux livres, *Morocco* (Schirmer-Mosel) et *Lumières blanches* (Centre national de la photographie). Membre de la prestigieuse agence Magnum depuis 1981, Harry Gruyaert vit actuellement à Paris.

SUNIL JANAH, activiste politique et journaliste dans sa jeunesse en Inde pendant les années quarante, a commencé à prendre des photos pendant ses reportages pour le compte de journaux gauchistes. Au centre de l'activité culturelle et politique du pays, Sunil Janah a photographié les événements les plus significatifs du pays pendant la transition entre l'occupation britannique et l'Indépendance : les famines de 1943-1945, les grands rassemblements politiques, les manifestations et les drames nés de la partition du pays. Ses photos des gens, des industries, des sculptures des temples, des grands danseurs indiens, de Gandhi et de Nehru, sont des témoignages sur l'Inde de cette époque. Le studio de Janah devint le lieu de rencontre de politiciens importants, d'intellectuels et d'artistes, fréquenté aussi par des célébrités de passage comme Martha Graham, Yehudi Menuhin, V. S. Naipaul, Margaret Bourke-White, Jean Renoir.

THOMAS L. KELLY a vécu au Népal au cours des dix-huit dernières années, en tant que photographe et auteur de documentaires. Il reçut en 1993 une bourse de la Threshold Foundation pour filmer un sujet sur la prostitution enfantine dans le Sud-Est asiatique. Les travaux de Kelly sont parus dans des publications comme *Géo*, *Natural History* et *The Smithsonian*. Abbeville Press a publié trois livres de ses photos : *Himalaya Secret* (Atlas, 1990), *Katmandu : City on the Edge of the World* (1989) et *Tibet : Reflections from the Wheel of Life* (1993). De grandes expositions de ses œuvres se sont tenues en Asie et en Europe.

Les photos de l'Américain CHARLES LINDSAY abordent volontiers le problème des liens entre nature et culture. Son premier ouvrage, *Mentawai Shaman : Keeper of the Rain Forest* (Aperture, 1992), évoque huit années passées à vivre en compagnie d'une tribu de chasseurs et guérisseurs. Les photos de Charles Lindsay ont été publiées notamment dans *New York Times Magazine*, *Natural History* et *Géo*. Ses travaux ont été également présentés sur Public Radio et sur CNN International. Son dernier livre, *Turtle Islands : Balinese Rituals and the Green Turtle*, a été publié par Takarajima en 1996.

MARY ELLEN MARK a atteint la notoriété internationale grâce à de nombreux essais photographiques et à des portraits publiés dans des revues comme le *New Yorker*, le *New York Times Magazine*, *Harper's Bazaar*, *London Sunday Times Magazine* et bien d'autres. Elle a reçu de nombreux prix et bourses, dont une *fellowship* de la John Simon Guggenheim, trois autres du National Endowment for the Arts et un prix de la presse mondiale pour l'ensemble de son œuvre. Elle a publié onze livres, dont *Mother's Teresa Mission of Charity in Calcutta* (Friends of Photography, 1985) et *Indian Circus* (Chronicle, 1993). Ses photos ont été exposées partout dans le monde, et une rétrospective intitulée « Mary Ellen Mark : vingt-cinq ans » fait actuellement le tour du monde.

STEVE MCCURRY, de l'agence Magnum, a beaucoup voyagé et travaillé en Inde au cours des dix-huit dernières années. Il a remporté de nombreux prix, dont une médaille d'or Robert Capa de l'Overseas Press Club pour ses photos de la guerre en Afghanistan, le prix Olivier Rebbot pour ses photos de la révolution philippine et plusieurs prix World Press Photo. Steve McCurry a été photographe au National Geographic pendant plus de quinze ans et a publié une vingtaine d'articles pour la célèbre revue, tout en travaillant occasionnellement pour d'autres publications. Il a publié deux livres, *The Imperial Way* (1985) et *Monsoon* (1988) ; il travaille actuellement sur un livre retraçant son expérience afghane.

Originaire du sud de l'Italie, DARIO MITIDIERI habite à Londres et y travaille depuis quinze ans. Il a collaboré à de nombreuses publications, dont le *Sunday Telegraph*, *The Independent Magazine*, et le *London Sunday Times Magazine*, en Grande-Bretagne, ainsi que *Stern* et *Das Magazine* en Allemagne. Il a travaillé sur différents sujets un peu partout dans le monde, allant du massacre de la place Tian'anmen en 1989 à la chute du régime communiste en Albanie en 1992 et à la crise des réfugiés du Rwanda de 1994 ; on lui doit un reportage sur les enfants de Bombay, qui a fait l'objet d'une exposition itinérante et d'un livre portant le même titre (1994). Entre autres récompenses, Mitidieri a reçu le prix Humanistic Photography de l'Eugene Smith Memorial, le Visa d'or du festival international de photo-journalisme de Perpignan et l'European Publishing Award for Photography. Il a fait l'objet de nombreuses expositions dans le monde.

ROBERT NICKELSBERG habite en Inde, à New Delhi, depuis 1988. Il a été le correspondant, dans six pays de l'Asie du Sud (l'Inde, le Pakistan, l'Afghanistan, le Sri Lanka, le Népal et le Bangladesh), du magazine *Time* et d'autres publications occidentales. Robert Nickelsberg a été le témoin des nombreux conflits qui ont émaillé l'histoire récente de l'Inde – conflits dus aux intérêts divergents, aux préjugés historiques et aux traditions culturelles.

Né à Calcutta, PRASHANT PANJIAR est un autodidacte de la photo dont les travaux sont parus dans de nombreuses publications indiennes, dont *Patriot, Link* et *India Today*. Ses livres, *The Survivors : Kampuchea 1984* (Patriot Publishers) et *Malkhan : The Story of a Bandit King* (Lancers), ont été publiés en 1984. Ses photos ont participé à de nombreuses expositions en Inde, et une exposition solo intitulée « Kampuchea Lives Again » a eu lieu à New Delhi et à Calcutta en 1984. Il travaille actuellement comme Associate Editor pour la revue *Outlook* de New Delhi.

SWAPAN PAREKH, né en 1966, a étudié le photojournalisme et la photographie documentaire au Centre international de la photographie de New York. Ses travaux ont été publiés dans de grandes revues comme *Time, Life, US News & World Report, American Photo*, aux États-Unis, *Der Spiegel* et *El Pais* en Europe. Il a remporté de nombreuses récompenses, dont le premier prix dans la catégorie Spot News Picture de la World Press Photo Foundation, le prix d'excellence de la catégorie Magazine News Picture au concours « Photo de l'année » de Washington, trois prix Nikon International et le prix jeune photographe à Photosynkria en Grèce, en 1996. Parekh, membre de la Black Star Photo Agency, habite à Bombay.

RAGHU RAI est né à Jahang, dans l'actuel Pakistan. Il a fait ses débuts de photographe en 1960 en travaillant pour l'*Hindustan Times* et le *Statesman*. Il entre à l'agence Magnum en 1977 et travaille comme rédacteur photo à *India Today*, le principal magazine politique indien, entre 1982 et 1990. Ses travaux sont parus dans de nombreuses grandes publications, comme *Time*, le *New York Times, Paris Match, National Geographic* et *Géo*. Depuis 1971, Raghu Rai a présenté de nombreuses expositions individuelles dans de grandes villes du monde, aux États-Unis, au Japon, en Tchécoslovaquie, en France, en Allemagne et en Inde. Ayant remporté à plusieurs reprises le concours de photo Nikon, Rai a aussi reçu le Padamshree, l'une des récompenses civiles indiennes les plus importantes. On lui doit sept livres de photos, sur des sujets comme les sikhs de l'Inde, Mère Teresa, Indira Gandhi, et des études sur les villes de Calcutta et de Delhi. Raghu Rai prépare actuellement deux ouvrages, l'un sur les maîtres de musique indiens et l'autre sur le jaïnisme.

Les photos de SANJEEV SAITH ont été publiées dans plusieurs ouvrages et journaux et exposées dans des galeries en Grande-Bretagne et en Inde ; elles figurent également dans plusieurs collections, dont celle de la National Gallery of Modern Art à New Delhi et celle de la Photographer's Gallery à Londres. Sanjeev Saith a également tenu la caméra pour des films comme *Vivekananda* (1994), *Kashmir* (avec Marie D'Souza, 1990) et *Ganga* (1995). Il assure la publication d'albums et dirige des séminaires pour promouvoir la photo en tant que manière de voir. Il habite New Delhi.

Le photographe brésilien SEBASTIÃO SALGADO est l'un des plus illustres représentants d'une tradition vénérable, la « concerned photography », la photo engagée. Salgado a obtenu pratiquement toutes les grandes récompenses pour ses travaux, d'institutions françaises, hollandaises, allemandes, espagnoles et américaines. Prix Humanistic Photography Eugene Smith, il été nommé deux fois photographe de l'année par le Centre international de la photographie de New York. Il a couvert des événements majeurs à travers le monde, de la tentative d'assassinat de Ronald Reagan aux guerres d'Angola et du Sahara espagnol et à la prise d'otages d'Entebbe. Parmi les nombreux livres qu'il a publiés, on peut citer : *Sahel, l'homme en détresse* (Prisma Presse, 1986), *Une certaine grâce* (Nathan, 1990).

KETAKI SHETH, d'origine indienne, a étudié la photographie et la communication à l'université de New York et à l'université Cornell. Ses travaux ont fait l'objet d'expositions partout dans le monde, en Inde, en Grande-Bretagne, en Allemagne et aux États-Unis, notamment. Elle a reçu le prix Sanskriti National en 1993 pour sa contribution à la photographie indienne. Depuis 1990, elle est la collaboratrice du journal berlinois *Die Tagerzeitung*.

DAYANITA SINGH a étudié la communication visuelle à l'Institut national de design d'Ahmedabad, puis a suivi le programme de photojournalisme et de photographie documentaire du Centre international de photographie de New York, où elle fut l'élève de Mary Ellen Mark. Les travaux de Dayanita Singh ont été publiés dans des revues et des journaux comme *Time, Newsweek*, le *Washington Post*, le *Philadelphia Enquirer*, le *New York Times*, l'*Independent* de Londres, le *London Times* et bien d'autres. Elle a reçu notamment les prix de l'Alliance française et de l'Andreas Franic Foundation. Elle s'intéresse à des thèmes variés qui vont des « Enfants et veuves des émeutes de 1984 » aux « Prostituées de Bombay et de Madras » en passant par le « Concours de beauté Miss India » et « Hollywood ». Son dernier reportage l'a conduite à photographier des familles des classes aisées de Delhi et de Bombay, afin d'étudier les changements socio-économiques qui influencent la famille indienne.

PAMELA SINGH est née en 1962 à New Delhi. Élevée à Jaipur, elle a suivi les cours de la New York's Parsons School of Design et du Collège américain de Paris et participé aux ateliers du Centre international de photographie de New York. Pamela Singh a travaillé cinq ans en Afrique, derrière la caméra, pour des films documentaires. Ses travaux sont distribués dans le monde par l'agence Gamma Press Photos. Elle a aussi beaucoup travaillé en Asie du Sud-Est et en Europe. Au cours des trois dernières années, elle s'est lancée dans un grand projet sur la femme indienne, afin de mieux cerner le rôle des femmes dans les transformations qui touchent l'Inde aujourd'hui.

ROSALIND SOLOMON, photographe documentaire, a étudié avec Lisette Model. Elle travaille beaucoup en Inde depuis 1971. Dans son exposition « *Rosalind Solomon, Ritual* » au musée d'Art moderne de New York, figurait une série sur l'Inde. Elle a reçu des bourses de l'American Institute of Indian Studies, d'Art Matters et du National Endowment for the Arts. Son exposition sur l'Inde a été organisée par le

Centre international de la photographie à la George Eastman House, qui l'a présentée en plusieurs endroits, dont l'American Museum of Natural History de la Smithsonian Institution à Washington ; l'exposition est également passée dans de nombreuses villes de l'Inde. Elle a aussi travaillé au Pérou, au Zimbabwe, en Afrique du Sud, dans le sud des États-Unis et ailleurs. Elle habite New York.

HOMAI VYARAWALLA est indienne et fille d'un photographe autodidacte ; elle a été l'une des premières femmes à faire du photojournalisme avec pour sujet la vie en Inde. Ses travaux sont parus pour la première fois en 1938 dans le *Bombay Chronicle,* puis dans d'importantes publications étrangères. Elle eut une page hebdomadaire dans l'*Illustrated Weekly of India* et couvrit, au début de la Seconde Guerre mondiale, tous les aspects du conflit. Elle commença à travailler comme photographe assistante au *Times of India* en 1942, à New Delhi. Publiée aussi par les revues *Time* et *Life,* Homai Vyarawalla a travaillé jusqu'en 1967 pour les services d'information britanniques. Elle est restée photographe indépendante jusqu'en 1970. Elle habite actuellement Vadodara, près de Bombay.

ALEX WEBB a commencé sa carrière de photographe de presse professionnel en 1974. Ses travaux, parus dans des publications comme *Géo* et le *New York Times Magazine,* ont été exposés au Fogg Museum of Photography et au Walker Art Center de Minneapolis. Webb est membre de l'agence Magnum depuis 1976.

REMERCIEMENTS

Le Philadelphia Museum of Art et Aperture sont profondément reconnaissants envers toutes celles et tous ceux qui ont contribué à cet ouvrage. Avant tout envers les photographes, dont les images de l'Inde présentées ici donnent un aperçu exceptionnel des gens et de la culture de l'Inde. Raghu Rai ne nous a ménagé ni son temps ni ses inestimables connaissances ; grâce à lui, notre attention a été attirée sur de nombreux et talentueux jeunes photographes travaillant à l'heure actuelle en Inde. Victor Anant nous a non seulement donné l'essai lyrique qui ouvre ce livre, mais nous a conseillé et vigoureusement encouragé dans le cadre de ce projet. Henri Cartier-Bresson s'est montré un collaborateur attentif et a consacré beaucoup de temps à sélectionner ses photos, parmi toutes celles, remarquables, qu'il a rapportées de l'Inde.

Depuis le lancement du projet visant à célébrer le cinquantenaire de l'indépendance indienne, l'ambassadeur John Kenneth Galbraith nous a prodigué conseils et encouragements. L'ambassadeur des États-Unis en Inde, Frank Wisener, a tout de suite vu l'importance que pouvaient revêtir la publication de ce livre et l'exposition, et nous a donné le soutien de ses services afin que le projet puisse être vu en Inde. Usa Balakrishna, du service d'information des États-Unis à New Delhi, a fait preuve d'une grande efficacité dans la coordination des lieux d'exposition en Inde. Ces remerciements s'adressent également à Ashis et Swapa Gupta et à Patwant Singh qui ont généreusement accordé leur soutien et leurs avis dès le début de ce projet.

Un certain nombre d'archives photographiques ont été mises à contribution ; nous remercions en particulier la George Arents Research Library for Special Collection de l'université de Syracuse (É.-U.), la Special Collections Library de la Duke University (É.-U.), Autograph Photos et la Hulton Getty Picture Collection (R.-U.). Merci à Purvi Shah pour ses précieuses recherches concernant les textes, et à Udayan Gupta et Zettie Emmons de nous avoir fait part de leurs remarques érudites au fur et à mesure que s'élaborait ce projet.

Dorothy Norman, qui a joué un rôle important dans la fondation du Alfred Stieglitz Center au Philadelphia Museum of Art, n'a cessé de manifester le plus profond intérêt pour la culture et les peuples de l'Inde, pendant plus de cinquante ans. Son amour persistant de l'Inde a contribué à donner vie à ce projet.

———

La publication de cet ouvrage a été possible grâce à l'aide généreuse de la
EASTMAN KODAK COMPANY

L'exposition « *India : A Celebration of Independance* » n'aurait pas été possible sans la générosité de la
FORD MOTOR COMPANY

Le transport aérien pour *India : A Celebration of Independance* a été assuré par
AIR INDIA,
compagnie aérienne officielle de la publication et de l'exposition

Les services ont été généreusement assurés par le
TAJ GROUP OF HOTELS

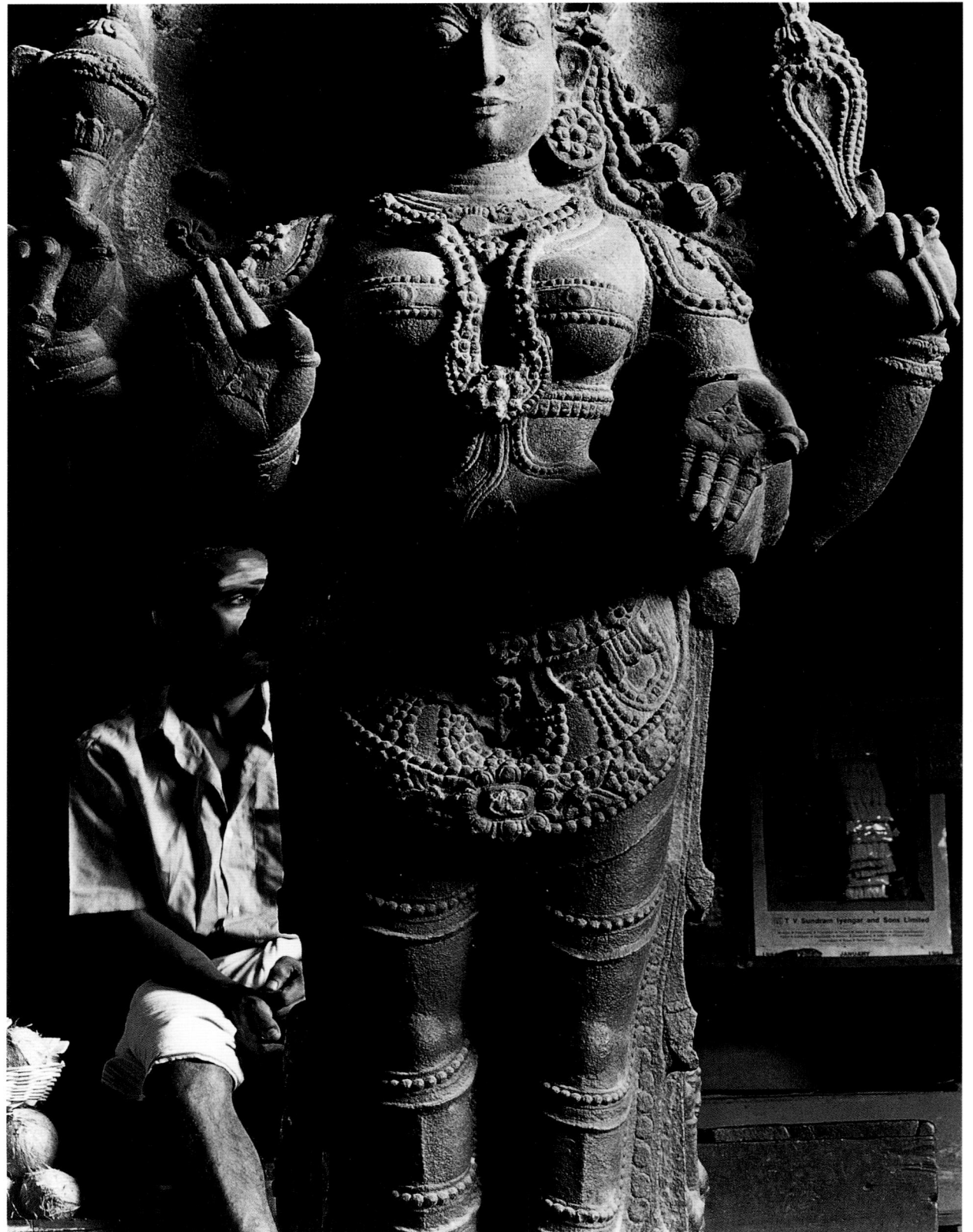

« INDIA : *A CELEBRATION*
OF INDEPENDANCE, 1947-1997 »

Calendrier de l'exposition

PHILADELPHIA MUSEUM OF ART,
6 juillet-31 août 1997

ROYAL FESTIVAL HALL, LONDRES,
4 décembre 1997-6 janvier 1998

VIRGINIA MUSEUM OF FINE ARTS, RICHMOND,
22 mai-2 août 1998

INDIANAPOLIS MUSEUM OF ART,
4 septembre-15 novembre 1998

KNOXVILLE MUSEUM OF ART,
18 décembre-28 février 1999

Une exposition itinérante fera parallèlement
le tour de l'Inde

NATIONAL GALLERY OF MODERN ART, NEW DELHI,
4 octobre-12 novembre 1997

NATIONAL GALLERY OF MODERN ART, MUMBAI,
9 décembre 1997-5 janvier 1998

VICTORIA MEMORIAL MUSEUM, CALCUTTA,
24 janvier-24 février 1998

LALIT KALA AKADEMI, CHENNAI
avril 1998

Charles Lindsay, *Déesse de la fertilité*, Madurai

CRÉDITS PHOTOGRAPHIQUES

Sauf indication contraire, toutes les photos sont sous copyright des photographes. Henri Cartier-Bresson (p. 17-32) : © Henri Cartier-Bresson/Magnum Photos. Mitch Epstein (p. 73-77) : © Black River Productions Ltd/Mitch Epstein 1996. Kanu Gandhi (p. 36-41) : © Kanu Gandhi/Autograph. William Gedney (p. 144-147), © Special Collections Library, Duke University. Harry Gruyaert (p. 78-85) © Harry Gruyaert/Magnum Photos. Prashant Panjiar © Prashant Panjiar, sauf pour *Narendra Singh Rathore de Bikaner* (p. 60) et *Le Nabab Masoom Ali de Tonk* (p. 61), les deux © Prashant Panjiar/*India Today*. Raghu Rai (p. 47-48 et 105-141) © Raghu Rai/Magnum Photos.

TEXTES

Extrait de « Chandni Chowk, Delhi », de Agha Shahid Ali (p. 81), tiré de *The Half Inch Himalayas,* © Wesleyan University Press, reproduit avec l'autorisation de University Press of New England. Extrait de « Réincarnation », de Sujata Bhatt (p. 92), tiré de *Brunizem,* © Carcanet Press, reproduit avec l'autorisation de l'éditeur. Extrait de « Vignette 1 », de Keki Daruwalla (p. 194), tiré de *Crossing of Rivers,* © Oxford University Press, reproduit avec l'autorisation de l'éditeur. Extraits de « Advice to Fellow Swimmers », et de « Lines Adressed to a Devadasi », de Kamala Das (p. 98 et 140), tirés de *Anthology of Indo-English Poetry,* © Hind-Pocket Book Ltd., Delhi. Extrait de « Hymns in the Darkness », de Nissim Ezekiel (p. 122), tiré de *The Oxford Anthology of Modern Indian Poetry,* © Oxford University Press (India). Extrait de « Principles of Non-Violence », de Mohandas K. Gandhi (p. 6), tiré de *Gandhi on Non-Violence,* © 1964, 1965, New Directions Publishing, Corp., reproduit avec l'autorisation de l'éditeur. « A Twilight Poem », de Jayanta Mahapatra (p. 72), tiré de *Rain Rites,* © University of Georgia Press. Extrait de « Close to the Earth », de Saloni Narang (p. 50), tiré de *The Anthology of Global Cultures,* © Wesleyan University Press, reproduit avec l'autorisation de University Press of New England. Extraits du discours radiodiffusé de Jawaharlal Nehru, du 15 août 1947, « First Servant of the Indian People » (p. 16), et de ses écrits (p. 180), tirés de *Independance and After,* © John Day Company. « Jaisalmer 1 », de Ghulam Mohammed Sheikh, traduit du gujarati par Saleem Peeradina et l'auteur, tiré de *The Oxford Anthology of Indian Poetry,* © Oxford University Press, reproduit avec l'autorisation de Oxford University Press (India). Extraits de « A Vision of India's History », de Rabindranath Tagore (p. 56, 104 et 208), tirés de *A Tagore Reader,* © McMillan, Inc., reproduits avec l'autorisation de Visva Bharati, Santiniketan, Inde.

MAQUETTE
Wendy Byrne

COUVERTURE
Peter Bradford/Danielle Whiteson
Imprimé et relié chez Arti Grafiche Motta à Milan.

ÉQUIPE APERTURE
Michael E. Hoffman, *Directeur exécutif*
Diana C. Stoll, *Responsable d'édition*
Shona Gupta, *Coordinatrice*
Stevan A. Baron, *Directeur de production*
Michael Lorenzini, *Assistant de la responsable d'édition*
Helen Marra, *Gérante de production*
Sarah Gray, Amy Schroeder, *Stagiaires, rédaction*
Shona Curtis, Katie Warwick, *Stagiaires, production*

TITRE ORIGINAL
India : A Celebration of Independence, 1947-1997.

© original, 1997, Aperture Foundation, Inc.
© 1997, Éditions du Seuil, 27, rue Jacob, 75006 Paris, pour la traduction française.
© 1997, Victor Anant, pour le texte.

ISBN : 2-02-032279-X
(ISBN édition originale reliée : 0-89381-695-7)
(ISBN édition originale brochée : 0-89381-718-X)

Composition : PAO Éditions du Seuil
Achevé d'imprimer en Italie.
Dépôt légal : octobre 1997. N° 32279